全程生涯教育丛书

中职学生
全程职业生涯教育研究

主 编 邱孝述 姜伯成 帅培清
副主编 龚国桥 黄 琦 舒 平

重庆大学出版社

图书在版编目（CIP）数据

中职学生全程职业生涯教育研究 / 邱孝述，姜伯成，帅培清主编. —— 重庆：重庆大学出版社，2019.4
（全程生涯教育丛书）
ISBN 978-7-5689-1039-2

Ⅰ. ①中… Ⅱ. ①邱… ②姜… ③帅… Ⅲ. ①职业选择—教学研究—中等专业学校 Ⅳ. ①G717.38

中国版本图书馆CIP数据核字（2018）第049754号

全程生涯教育丛书
中职学生全程职业生涯教育研究
ZHONGZHI XUESHENG QUANCHENG ZHIYE SHENGYA JIAOYU YANJIU

主　编　邱孝述　姜伯成　帅培清
副主编　龚国桥　黄　琦　舒　平
策划编辑：陈一柳

责任编辑：李桂英　刘玥凤　　版式设计：陈一柳
责任校对：张红梅　　　　　　责任印制：赵　晟

*

重庆大学出版社出版发行
出版人：易树平
社址：重庆市沙坪坝区大学城西路 21 号
邮编：401331
电话：（023）88617190　88617185（中小学）
传真：（023）88617186　88617166
网址：http://www.cqup.com.cn
邮箱：fxk@cqup.com.cn（营销中心）
全国新华书店经销
POD：重庆书源排校有限公司印刷

*

开本：720mm×1020mm　1/16　印张：12.75　字数：163千
2019年4月第1版　　2019年4月第1次印刷
ISBN 978-7-5689-1039-2　　定价：35.00元

前言

百年大计，教育为本。教育事业的发展关系着中华民族的伟大复兴与"两个一百年"目标的实现，是将我国建设成为富强民主文明的社会主义强国的基础性工程。优先发展教育意义重大。中国共产党第十九次全国代表大会报告中明确提出，中国特色社会主义已经进入了新时代。新的时代背景与时代特色赋予了职业教育重要的历史使命与任务，即坚持"服务发展、促进就业"的办学方向，以质量发展为核心，加快推进职业教育现代化。

职业生涯教育作为现代职业教育的重要组成部分，对培养大批具备良好的职业道德、敬业的职业态度、娴熟的职业技能的高素质技术技能人才与劳动者，服务"中国制造2025"，服务"一带一路"建设，促进劳动力市场就业稳定与社会长治久安，满足人民对美好生活的追求具有重要战略意义。

我国开展职业生涯教育已有百年历史，积累了丰富的理论和实践经验。随着我国经济社会的快速发展，职业生涯教育越来越得到全社会的重视。我国各省市职业院校根据区域经济发展特点与学校办学特色开展了各种形式多样、丰富多彩的职业生涯教育活动，形成了各具特色的职业生涯教育模式。其中，以重庆市女子职业高级中学为代表的中等职业学校紧紧围绕"学生综合职业能力发展"的目标，以"课程开发、活动引领、双向互动"为特色，创新性地构建了中职学生全程职业生涯教育模式，其成功经验值得推广。

本书以重庆市女子职业高级中学"中职学生全程职业生涯

教育"为研究对象，按照"问题提出—理论研究—实践探索"的逻辑主线对中职学生全程职业生涯教育的教育模式、课程体系、教学活动、师资队伍建设等方面进行系统论述，以期揭示中职学生全程职业生涯教育的本质特点与运行规律。

全书共分八章。第一章为绪论，阐明了研究背景与意义、研究思路与内容、研究方法及创新点。第二章为中职学生职业生涯教育现状及问题，重点就目前我国中等职业学校开展职业生涯教育中存在的主要问题及其原因展开分析。第三章为中职学生全程职业生涯教育的理论基础，从哲学、心理学、教育学的经典理论中汲取养分，为中职学生全程职业生涯教育提供理论指导。第四章为中职学生全程职业生涯教育模式，此章为全书核心章节，系统分析了中职学生全程职业生涯教育模式的构建理念、构成要素与运行特点，凸显了中职学生全程职业生涯教育相对传统职业指导的优势与特色。第五章为中职学生全程职业生涯教育课程体系建构，论述了课程体系建构的背景理念与原则，在此基础上对课程内容、实施策略及课程评价进行了深入探究。第六章为中职学生全程职业生涯教育实践体系建构，介绍了该实践体系的建构原则、体系要素及教学实施模式。第七章为中职学生全程职业生涯教育的多元化师资队伍建设，对职业生涯教育专职教师及其他重要教育角色的职责及任务进行了详细介绍，明确了中职学生全程职业生涯教育教师的专业化标准及具体要求。第八章为中职学生全程职业生涯教育展望，该章节提出了为更有效地开展中职学生全程职业生涯教育，须进一步做好以下方面的工作：国家层面制定相关教育政策，充分利用社会教育资源，不断完善职业生涯教育课程体系，采取多样化的教育教学方法，有效发挥教育评价体系的作用，建设高质量的职业生涯教师队伍，促进职业生涯教育价值转化，注重全程职业生涯教育模式的推广及应用等。

　　本书在撰写过程中得到了政府、高等院校、职业学校、教育科研院所及社会各界人士的大力支持与协助，在此一并致以真诚的谢意！本书几易其稿，尽管作者在有限的时间内做了大量努力，但还未达到期望的状态。欢迎各位读者不吝赐教，对本书提出宝贵的修改意见。

《中职学生全程职业生涯教育研究》编委会

2018年2月28日

目 录

第一章　绪　论

第二章　中职学生职业生涯教育现状及问题

第三章　中职学生全程职业生涯教育的理论基础

第
一
章 — 绪
论

第一节　研究背景及研究意义

一、研究背景

（一）全程职业生涯教育是新时代职业教育事业发展的使命

进入新世纪以来，我国职业教育事业快速发展、不断壮大，已建成具有中国特色的现代职业教育体系，为区域经济发展、彰显社会公平作出了巨大贡献，增强了我国教育事业在全世界范围的影响力。党的十九大会议对中国特色社会主义进入新时代作出了科学判断，职业教育作为中国特色社会主义事业的重要组成部分，也站在历史发展的新起点，进入了新时代。[1]大力发展现代化职业教育，做好新时代背景下职业教育人才培养工作，是当前我国职业教育事业发展的伟大使命和责任。

党的十九大报告明确指出，我国社会的主要矛盾已经从人民日益增长的物质文化需要同落后的社会生产之间的矛盾转化为人民日益增长的美好生活需要和不平衡不充分的发展之间的矛盾。[2]新时期人民群众对经济腾飞、社会稳定及美好生活的向往与追求同样赋予职业教育事业发展更高的要求，即职业教育办学要从讲规模、讲数量、讲速度向讲内涵、讲质量、讲效率转型，提高职业教育人才培养素质，增强职业教育的社会吸引力。

大力提升职业教育办学质量是新时代赋予职业教育事业的发展目标。衡量职业教育办学质量的标准一方面是办人民满意的职业教育，让所有家庭的孩子都有机会接受职业教育，并且通过职业教育途径实现年轻人更广阔的人生发展目标，让人人成才，人人出彩；另一方面是开办让社会认可的职业教育，通过职业教育培养大批高素质技术技能型人才与劳动者，满

---

[1]王继平. 新时代　新目标　新作为[J]. 中国职业技术教育，2017（34）：5-7.

[2]习近平. 决胜全面建成小康社会　夺取新时代中国特色社会主义伟大胜利——在中国共产党第十九次全国代表大会上的报告[R/OL].（2017-10-27）[2018-02-14].

足经济社会对人才结构、数量、规格和质量的要求，促进区域经济发展与社会稳定和谐。[3]为实现职业教育人才培养目标，有必要在职业教育阶段对学生进行职业素养教育，帮助学生树立科学的人生观、职业观与社会观，使学生德技并修，培养其综合职业能力，使每位接受职业教育的学生都能在各自职业领域充分施展才能、绽放异彩。鉴于此，开展全程职业生涯教育成为促进职业学校内涵式建设、推动职业教育事业科学稳定发展的科学手段与有效举措。

（二）全程职业生涯教育是服务产业升级与促进经济建设的必然选择

制造业是一个国家实体经济的主命脉，是促进工业经济发展的主要途径。[4]当前，世界正处在由传统工业向现代工业转型的关键时期，现代信息科技与工业技术不断融合，新能源、新材料、新技术的发明创造日新月异，数字化、智能化与网络化技术革命加速了以制造业为代表的工业化变革与产业优化升级。为应对信息技术革命带来的全球性影响及挑战，世界各国均大力发展以技术研发和创新为标志的新工业革命，[5]如德国提出"工业4.0计划"、美国实施"先进制造伙伴战略"、日本发布"制造业白皮书"等。各国出台重大举措标志着以抢占国际制造业发展优势地位为特征的国家间工业发展竞争已进入白热化阶段。

在新工业革命发展如火如荼的国际形势下，我国于2015年正式提出"中国制造2025"战略目标，其核心任务是以创新驱动制造业发展、以提

[3]王继平. 新时代 新目标 新作为[J]. 中国职业技术教育, 2017(34)：5-7.

[4]徐桂庭."中国制造2025"背景下的现代职业教育发展路径探析——第四届闵行职教论坛在上海召开[J]. 中国职业技术教育, 2015(25)：25-33.

[5]陈诗慧, 张连绪."中国制造2025"视域下职业教育转型与升级[J]. 现代教育管理, 2017(7)：107-113.

质增效促进生产模式改革，从而实现制造大国向制造强国的转变。[6]职业教育是为制造业等实体产业培养和输送技术技能型人才的主要渠道。据统计，近十年来，在加工制造、现代物流、电子信息等行业中，新增从业人员有70%以上来自职业教育所培养的人力资源，[7]他们具备扎实的专业知识和专业技能，成为支撑社会经济发展的主体力量。从产业发展趋势来看，"中国制造2025"对技术技能型人才培养提出了全新要求。智能化生产将一线劳动者从简单重复性劳动中解放出来，小批量、个性化的生产模式要求技术人员具备较高的分析和解决实际问题的能力，成为智能化生产系统的管理者与控制者。[8]在"中国制造2025"的战略新形势与新要求背景下，中等职业教育应创新和改革技术技能型人才培养工作的指导思想，将培养具有新时代"工匠精神""创新思想"以及"一专多能"的复合型职业技能人才作为开展教育工作的抓手。其中，"工匠精神"的内核是从业人员不仅把工作当作赚钱养家糊口的工具，而且要树立起对职业的敬畏、对工作的执着、对产品负责的态度，注重细节，追求完美，将一丝不苟、精益求精的职业精神融入每一个环节，生产出符合客户需求的一流产品以及提供无可挑剔的服务。[9]全程职业生涯教育是培养工匠精神、创新意识与创造能力等综合职业素养的主要教育方式。全程职业生涯教育着眼于每位中职学生职业能力的发展，让每位学生能力发展的成就汇聚成未来优秀产业大军的力量，为实现我国制造业等产业优化升级与社会经济发展、将国家建设成为工业强国提供强大的"人才红利"支撑。

————————————

[6]于志晶，刘海，岳金凤，等."中国制造2025"与技术技能人才培养[J]. 职业技术教育，2015，36（21）：10-24.

. [7]刘延东. 在全国职业教育工作会议上的讲话[J]. 职业技术教育，2014（18）：33-37.

[8]于志晶，刘海，岳金凤，等."中国制造2025"与技术技能人才培养[J]. 职业技术教育，2015，36（21）：10-24.

[9]芦羿君."工匠精神"融入中等职业学校德育的研究[D]. 石家庄：河北师范大学，2017：13-14.

（三）全程职业生涯教育是中等职业学校教育教学改革的内在要求

2000年，教育部发布《关于全面推进素质教育、深化中等职业教育教学改革的意见》（教职成〔2000〕1号）等文件以来，我国中等职业教育教学改革不断探索、深化并积累了丰富的经验。但从总体上看，中等职业教育教学思想观念、人才培养模式、教学内容和方法、德育工作的针对性、实效性等方面还不能完全适应经济社会发展对高素质劳动者和技术技能型人才培养质量的要求。[10]因此，进一步深化教育教学改革，提高教育质量仍然是当前中等职业教育发展面临的严峻问题。

《教育部关于进一步深化中等职业教育教学改革的若干意见》（教职成〔2008〕8号）中强调："要切实转变教学观念，正确处理学生综合素质提高和职业能力培养的关系"，"坚持以人为本，关注学生职业生涯持续发展的实际需要，培养他们具有良好的职业道德"，"提高其就业创业能力"。国家将职业生涯教育上升为德育教育的重要组成部分，在《教育部关于中等职业学校德育课课程设置与教学安排的意见》（教职成〔2008〕6号）和《教育部关于印发中等职业学校德育课课程教学大纲的通知》（教职成〔2008〕7号）中将"职业生涯教育"列为中等职业学校德育主要任务之一，并新增设"职业生涯规划"作为德育必修课程，[11]由此可见国家对中等职业学校开展职业生涯教育的高度重视。然而职业生涯教育并不是仅仅依靠增设几门课程就能有效实施的教育活动，而是需要开展全程性教育，从中职学生个体职业生涯可持续发展的需求出发，将职业生涯教育融入学生日常教学与生活中，渗透到学校教育的每一个环节，引导和帮助

---

[10]晓阳. 深化中等职业教育教学改革 提高中等职业教育教学质量——教育部下发《关于进一步深化中等职业教育教学改革的若干意见》[J]. 中国职业技术教育, 2009（8）: 8-10.

[11]中华人民共和国教育部. 中等职业学校德育课课程教学大纲汇编[M]. 北京: 高等教育出版社, 2009: 2.

学生正确认识自我能力与职业发展趋势，科学选择与规划适合自身个性特质与兴趣爱好的职业发展路径，更好地培养学生的职业素养与职业能力。科学设计与实施全程职业生涯教育，已成为当前我国中等职业学校教育教学改革与创新的重要趋势。[12]

二、研究意义

（一）理论意义

中职学生职业生涯教育是我国职业教育理论研究中较少涉及的主题领域，研究成果较为零散，研究力度较为薄弱，其理论体系尚待完善。本研究围绕中职学生综合职业能力发展目标，以人本主义哲学、建构主义理论及职业生涯理论等理论为指导，深入挖掘全程职业教育生涯教育模式的构建理念、构成要素及运行特点，具体分析全程职业生涯教育的课程与活动体系及师资队伍建设体系，为科学实施中职学生全程职业生涯教育活动提供扎实有力的理论支撑。

（二）实践意义

随着我国政治经济发展模式的巨大变革，社会对高素质技术技能型人才的需求越来越大，对其质量要求越来越高，中职学生就业率与就业质量成为衡量中等职业学校办学成效的重要指标。中职学生能否顺利就业既关系自身生存问题，也关乎整个社会的安定与和谐，对社会发展具有重要意义。

实践证明，中等职业教育阶段是否接受过系统性、针对性的职业生涯教育对中职学生综合职业能力发展及就业情况发挥着至关重要的影响。就目前中等职业学校开展职业生涯教育的情况来看，虽然绝大多数学校已意识到职业生涯教育的重要性并在学校范围内开展了此类教育活动，

---

[12]王功义. 中等职业学校生涯教育探究[D]. 福州: 福建师范大学, 2009: 1.

但其教育目标与教育内容仍停留在职业指导层面，缺乏对学生个性化发展需求情况的了解与掌握，更缺乏对从学生入学到毕业后职业生涯发展的整体性教育规划，造成了职业生涯教育的盲目性、随意性、功利性与成效的短时性，无法从根本上解决中职学生择业难、就业难以及"跳槽"频繁等问题，也无法满足制造业等经济领域发展对高素质技术技能型人才的需求。[13] 鉴于此，本研究以重庆市女子职业高级中学为研究案例，从理论构建到教学实践各方面系统分析该校开展中职学生全程职业生涯教育活动的举措与方法，对促进中职学生职业生涯教育模式改革、提高中职学生就业质量与社会满意度具有重要的现实意义。

第二节 国内外研究综述

职业生涯教育研究历史与人类工业化发展进程密不可分，以美国为代表的西方国家学者较早关注职业指导领域，并形成较为系统的职业指导理论体系，为现代职业生涯教育研究奠定了坚实的基础。近年来，国内外学术界对于职业生涯教育理论创新研究越来越重视，围绕着职业生涯发展理论、职业生涯教育模式、职业生涯课程体系等主题开展了各种相关理论研究与实践活动，取得了丰硕的研究成果。这些成果对本研究具有重要的借鉴价值。

---

[13]刘宇航. 全程化中职生职业生涯规划教育体系构建研究[D]. 重庆: 重庆理工大学, 2015: 2.

一、国外研究综述

（一）国外职业生涯教育思想的历史嬗变

国外职业生涯教育思想大致经历了五个时期的历史演变。一是职业指导理论提出和基本模式建立时期（1908—1939）。1908年，帕森斯（Frank Parsons）撰写了《职业的选择》一书，首次提出"职业指导"（Vocational Guidance）这一专门学术用语，标志着职业指导研究进入了科学化正规化阶段。二是以咨询者为中心的"指导学派"时期（1939—1942）。其中以威廉姆孙（Williamson）为代表的学者提出职业指导应以咨询者为中心，以对咨询者的职业指导为手段，咨询过程包括对咨询者及其意向性职业的系统分析、综合、诊断、预后、咨商与重复。三是重视个人职业发展时期（1942—1953）。美国著名心理学家和教育家罗杰斯（Carl R. Rogers）于1942年出版了其享誉世界的著作《心理咨询和心理治疗》，其心理学理论推动了职业指导从侧重职业素质测量手段向职业心理咨询的方法技术转型。四是职业生涯教育的形成时期（1953—1971）。这一时期的代表人物舒伯（Super）于1953年提出职业生涯发展理论，将职业生涯分为成长、探索、建立、维持和衰退五个时期，职业人在每个阶段都有自己的职业角色与职业任务。1957年，舒伯在他编撰的《职业生涯心理学》书中正式使用"职业生涯"这一概念，标志着职业生涯理论体系开始形成。五是职业生涯教育的成熟、完善与国际化时期（1971年至今）。1971年，美国教育总署对职业生涯教育（Career Education）进行了科学界定和诠释，认为职业生涯教育是一种综合性的教育计划，其重点放在人的全部生涯，即幼儿园到成年，按照职业生涯认知、准备、成熟等步骤逐一实施，使学生获得谋生技能，并建立个人的生活形态[14]。职业生涯教育的理论研究以

---

[14]王妮. 西方生涯发展理论对我国高职生就业指导的启示[D]. 咸阳: 西北农林科技大学, 2008: 4-5.

美国为起点向全世界辐射与推广，目前世界各地绝大多数国家均建立了职业生涯发展研究中心，以进一步致力于该领域的研究。

（二）发达国家开展职业生涯教育研究现状

1. 美国职业生涯教育研究

世界上最早开展职业生涯教育活动的国家当数美国。早在1918年，美国教育协会就明确提出，职业生涯辅导与管理是美国中等教育与高等教育的重要组成部分。美国专门设置了相关研究与管理部门来督促与保障学校实施该教育。同时，美国关于职业生涯的理论研究也开展得如火如荼，为美国学校职业生涯教育实践奠定了基础并推动其蓬勃发展。[15]

美国职业生涯理论体系形成与发展的重要时期可追溯到20世纪60年代，其中具有代表性的金斯伯格（Ginsberg）和舒伯的职业生涯发展理论、帕森斯的特质因素理论、罗伊（Roe）的人格理论、博登（Borden）的心理动力理论、霍兰德（Holland）的类型论、克朗伯兹（Krumbolzt）的社会学习理论、克内非尔坎姆（Keefklmap）和斯列皮兹（Lipitor）的认知发展理论等都在这一时期形成。在职业生涯理论形成与完善时期，帕森斯的特质因素理论曾长期主导职业指导理论界。而舒伯的职业生涯发展理论则可称为职业生涯理论史上的分水岭，因为自职业生涯理论提出之后，职业指导的名称正式转变为职业生涯辅导/教育，职业生涯教育理论研究也在美国大量涌现，呈现出百家争鸣的局面。[16]

进入新世纪以来，美国学者针对学校职业生涯教育开展了卓有成效的研究。如贵查德（Jean Guichard, 2001）围绕职业生涯教育目标进行了深入探讨，将培育学生良好个性、增强其职业适应性作为学校职业生涯教育的重要目标，认为"学校的功能在于开发与塑造学生的个性，使每一位

[15]靳玉梅. 美国职业生涯教育及启示[D]. 曲阜: 曲阜师范大学, 2011: 12.

[16]靳玉梅. 美国职业生涯教育及启示[D]. 曲阜: 曲阜师范大学, 2011: 5.

青年都能够形成特定的人格、确立自己的生涯目标并促使它们得以实现，所有这些就是学校职业生涯教育的追求"[17]。关于职业生涯教育的课程设置，丹尼尔·坦纳（Daniel Tanner，2006）等学者指出，"作为课程编制手段的活动或工作分析法存在一种危险的缺陷，它着眼于最低水平的目标——只要求作出机械反应的目标，而忽视了要求具有较高水平的思维过程的目标"，强调"不能用活动或工作分析来简单地涵盖课程目标的全部内容"[18]。学者瓦兹（Watts，2001）针对师生参与职业生涯教育的程度及其角色进行了大量调查，认为参与职业生涯教育的教师角色"需要从学科课程知识的权威者转变为学生学习活动的策划者与协调者"，而目前美国学生"总体上缺乏学习职业生涯课程的动力，部分学生基于功利的考虑更重视学科课程的学习，一些学生之所以学习职业生涯课程也只是希望得到高分，教师在课堂教学中容易遇到诸多纪律问题"[19]。关于职业生涯教育评价研究，马贵瑞（Maguire，2003）等学者指出，过去关于职业指导效果的描述实际上都是基于构想的理论评价，人们很难找到职业指导与效果之间的内在作用机制，从评价的发展趋势看，要将衡量的指标从对显性数据的追求转为对观念、态度和精神等要素的关注。[20]

2. 英国职业生涯教育研究

英国开展职业生涯教育理论与实践的研究也具有较长历史。英国职业生涯教育实践起源于校外生涯官员（Careers Officers）提供的生涯指导服务。为了配合社会上兴起的生涯指导服务，学校才逐渐开始实施职业生涯教育

[17] GUICHARD J. A Century of Career Education: Review and Perspectives[J]. Internat. Jul. for Educational and Vocational Guidance, 2001(1):165–166.

[18] 丹尼尔·坦纳，劳雷尔·坦纳. 学校课程史[M]. 崔允漷，等，译.北京: 教育科学出版社，2006: 204.

[19] WATTS A.G. Career Education for Yong People: Rationale and Provision in the UK and Other European Countries[J]. Internat. Jnl. for Educational and Vocational Guidance, 2001(1):217–218.

[20] MAGUIRE M, KILLEEN J. Outcomes from Career Information and Guidance Services[R]. A Paper Prepared for an OECD Review of Policies for Information, Guidance and Counselling Services, 2003:19.

并建立专门的学校生涯教师队伍。[21]

20世纪60年代末，英国成立了全国生涯教师协会（National Associati-on for Careers Teachers，NACT）和生涯官员协会（Institute of Careers Officers，ICO）。1970年，全国生涯教师协会（NACT）公布了关于中等教育阶段生涯工作的调查报告——《麦金太尔报告：中学生涯工作的师资》（*The McIntyre Report on Time and Facilities for Careers Work in Secondary School*）。调查结果显示，大多数英国中学都配有专职职业生涯教师，四分之一的学校把职业生涯教育作为一门教学科目在中学广泛实施。[22]

1975年，英国生涯研究与咨询中心（Careers Research and Advisory Centre，CRAC）与哈特菲尔德多科技术学院（Hatfield Polytechnic）合作建立生涯教育与发展研究机构——全国生涯教育与咨询研究所（National Institute for Careers Education and Counselling，NICEC）。生涯教育专家托尼·瓦兹教授（Tony Watts）和全国生涯教育与咨询研究所高级研究员比尔·劳（Bill Law）共同撰写的《学校、生涯和社会：学校生涯教育的方法研究》（*Schools, Careers and Community: A Study of Some Approaches to Careers Education in Schools*）一书成为英国职业生涯教育研究的经典之作。书中提出职业生涯教育的DOTS内容框架：自我意识（Self-awareness）、机会意识（Opportunity awareness）、学会做决定（Decision learning）与学会转变（Transition learning），简称DOTS模式。[23]该模式的提出对英国职业生涯教育实践具有重要指导意义。1996年，瓦兹等人出版《生涯教育与指导的反思：理论、政策与实践》（*Rethinking Careers Education and*

---

[21]孟可可. 英国普通中学生涯教育研究[D]. 上海：上海师范大学，2015：11.

[22]孟可可. 英国普通中学生涯教育研究[D]. 上海：上海师范大学，2015：11.

[23]WATTS T, LAW B. Schools, Careers and Community: A Study of Some Approaches to Careers Education in Schools[M]. London: Church House Publishing, 1997: 67–77.

Guidance: Theory, Policy and Practice）一书，从理论、政策和实践等方面对英国职业生涯教育发展进行了系统回顾与总结。[24]2011年，大卫·安德鲁斯（David Andrews）出版了《学校的生涯教育》（*Careers Education in Schools*），对英国职业生涯教育的历史、现状以及未来发展趋势进行了系统分析。[25]

3. 日本职业生涯教育研究

"二战"后，日本大力推行学校就业指导教育，对学生进行有针对性的职业介绍、发布就业信息、进行职业辅导等，为培养高素质劳动者、推动日本战后经济复苏作出了重要贡献。从此，学校就业指导教育逐渐发展成为日本教育不可或缺的组成部分。日本在20世纪后期将就业指导正式纳入学校基础教育课程，标志着职业生涯教育开始进入课程化时期。

日本学者在借鉴美国职业生涯教育理论和成功经验的基础上融入心理学、社会学、管理学、政治学等诸多学科思想，逐步形成了较为完整的学校职业生涯教育理论体系。日本职业规划学会会长、法政大学精英学部的川喜多乔教授对日本职业生涯教育开展了系统研究，指出职业生涯教育从20世纪末开始流行，到目前为止，经历了很长的历史。职业生涯教育不仅仅存在于学校，企业里也应该具有这方面的培训理念，现代职业生涯教育的发展离不开全社会的支持。学校和企业不能分开，要共同开展合作。日本职业生涯教育学会会长、东北大学名誉教授菊池武剋围绕职业指导的历史发展状况对职业生涯教育进行思考，提出"我们必须理解职业指导的出处和发展方向才能对职业生涯教育进行正确的理解与实践"[26]。当前，日本已建成较为成熟与完善的职业生涯教育理论体系，对学校职业生涯教育实践发挥着关键性的理论指导作用。

［24］WATTS A.G. Rethinking Careers Education and Guidance: Theory, Policy and Practice[M].London: Routledge, 1996: 35–44.

［25］ANDREWS D. Careers Education in Schools[M]. Staffordshire: Highflers, 2011: 79–110.

［26］吕显然. 日本职业生涯教育研究及启示[D]. 青岛: 青岛大学, 2014: 4.

二、 国内研究综述

本研究以职业生涯教育、生涯教育、职业指导、中职学生职业生涯教育等学术名词作为关键词对CNKI、维普、万方等数据库进行国内研究成果检索，检索到相关条目1657条，其中博士学位论文14篇、硕士学位论文252篇、期刊论文1315篇、报纸文章53篇、国内外学术会议论文23篇。本研究在检索文献的基础上，对相关主题进行了分类整理和核心观点归纳，综述如下。

（一）职业生涯教育概念及意义研究

随着国外职业生涯教育的概念传入我国，国内专家学者对职业生涯教育的理论基础和内涵进行了深入研究。沈之菲的《生涯心理辅导》是我国较早对职业生涯教育概念及理论基础进行系统论述的专著，书中阐释了生涯概念以及金斯伯格及舒伯的生涯发展理论。[27] 关于职业生涯教育的意义方面，陈军、董丁戈在《职业生涯教育与人的全面发展》一文中指出："职业生涯教育所诠释的是以人为本的原则，以人的自由全面发展为终极目标的教育理念。"[28] 熊贤君认为"普通中学的生计教育可以改进职业、劳动与教育之间、社会与学校之间的关系，是解决失学、失业和社会稳定问题的需要，有利于改变初级中学、高级中学的落后面貌"[29]。

（二）职业学校开展职业生涯教育状况研究

研究者夏勇、竺辉在《中等职业学校实施职业生涯教育的理性思考》中提出以"生存教育"为核心帮助中职学生正确认识自我的潜能和未来的职业发展趋向。[30] 黄饶宇在其学位论文中围绕"中等职业学校职业生涯

---

[27] 沈之菲. 生涯心理辅导[M]. 上海：上海教育出版社，2000：20-88.

[28] 陈军，董丁戈. 职业生涯教育与人的全面发展[J]. 当代青年研究，2005（12）：19-22.

[29] 熊贤君. 普通中学实施生计教育的思考[J]. 教育评论，2002（3）：39-41.

[30] 夏勇，竺辉. 中等职业学校实施职业生涯教育的理性思考[J]. 职业教育研究，2005（12）：47-48.

教育实施策略"开展研究，在分析职业生涯教育理论的基础上结合实践经验探讨了在中等职业学校实施职业生涯教育的方法与举措。[31]陈慧珍、苗素莲在《高职职业生涯教育的多维度分析与改进策略》一文中首先对目前高职毕业生面临的各种就业困境进行详细介绍，其次分析了高职职业生涯教育存在的诸多问题，最后针对问题提出了切实可行的解决对策。[32]刘宇晖从关注学生职业生涯持续发展、挖掘学生职业生涯发展潜力、强化职业生涯规划教育教学三个方面提出中等职业学校实施职业生涯规划教育的途径。[33]王中、顾建军在《中等职业学校职业生涯课程的实施路径》一文中提出通过理论学习、活动体验、典型人物引领、咨询辅导和实践拓展等途径开展中等职业学校职业生涯教育活动。[34]曹国标等人还针对中等职业学校职业生涯教育存在的把职业生涯教育等同于就业指导、未将职业生涯教育贯穿整个教育过程等误区，提出转变教育观念、构建全程与全面职业生涯教育体系、加强对中职学生职业生涯规划的个性化指导、实施动态的职业生涯教育以及充分利用多元化的社会资源五条解决策略。[35]

（三）国外职业生涯教育借鉴研究

由于职业生涯教育发端于美国，因此国内学者关于美国职业生涯教育的研究成果数量最多。国内较早关注美国职业生涯教育的是西南大学刘义兵教授，他在1988年发表的《美国的生计教育运动》一文中详细介绍了美国职业生涯教育运动的背景以及实施模式。[36]田夫对美国的生计教育也

---

[31]黄饶宇. 中等职业学校职业生涯教育实施策略研究[D]. 长春: 东北师范大学, 2007: 25-38.

[32]陈慧珍, 苗素莲. 高职职业生涯教育的多维度分析与改进策略[J]. 广州职业教育论坛, 2012, 11(6): 10-14.

[33]刘宇晖. 中职学生职业生涯规划教育途径探析[J]. 职业技术教育, 2008(35): 90-91.

[34]王中, 顾建军. 中等职业学校职业生涯课程的实施路径[J]. 职教论坛, 2008(14): 7-9.

[35]曹国标. 中等职业学校生涯教育的误区及对策[J]. 职业, 2011(10): 21-22.

[36]刘义兵. 美国的生计教育运动[J]. 外国教育动态, 1988(4): 22-26.

进行了系统研究，提出生计教育是一种广义的终身职业教育、"综合性教育"、"合作制"教育、"工读制"教育[37]。华东师范大学刘元在其硕士毕业论文《美国K-12生涯教育实践模式研究》中按照实施的方式把美国生涯教育的模式归纳为介绍性模式、建议性模式、课程本位模式以及工作本位模式四种类型。[38]李卫华在《美国犹他州7年级生涯教育研究》一文中以美国犹他州7年级职业生涯教育作为研究对象，对其课程体系构成要素、课程实施及评价开展了系统分析。[39]此外，我国对于英国以及日本职业生涯教育状况的研究成果数量也颇多。祝怀新在2003年出版的《英国基础教育》一书论述了英国政府对职业生涯教育的目标定位，成为国内最早研究英国职业生涯教育的文献。[40]刘晓倩在《英国中学生生涯教育述评》一文中对英国不同中学的生涯教育进行了个案调查研究。[41]吕显然则针对日本职业生涯教育发展的社会背景、发展历程、组织体系及教育内容进行了客观分析，并针对我国职业生涯教育问题提出日本成功经验对我国的启示。[42]

三、相关研究的启示

通过对国内外文献资料的梳理与分析，获得以下启示：第一，职业生涯领域可资参考和利用的文献数量较多，研究理论基础较为深厚，研究层次比较深入；第二，重视对职业生涯教育的实证研究，将理论研究与实证分析有机结合，达到质性研究与量化研究的统一；第三，国内学者对于职

[37]田夫.美国的生计教育[J].外国中小学教育,1994(3):43-44.

[38]刘元.美国K-12生涯教育实践模式研究[D].上海:华东师范大学,2008:21-25.

[39]李卫华.美国犹他州7年级生涯教育研究[D].重庆:西南大学,2009:20-34.

[40]祝怀新.英国基础教育[M].广州:广东教育出版社,2003:56-58.

[41]刘晓倩.英国中学生涯教育述评[J].外国中小学教育,2014(6):28-32.

[42]吕显然.日本职业生涯教育研究及启示[D].青岛:青岛大学,2014:9-41.

业生涯的研究主题较广泛，研究视野具有国际化和前瞻性特点；第四，研究采用了多种研究方法，具有跨学科研究的特点。总之，本研究所汲取的国内外相关文献研究成果精华为本研究奠定了扎实的前期理论研究基础，提供了研究方法论的指导。

同时，在文献收集中发现，关于国内中等职业学校职业生涯教育的研究相对高等院校职业生涯教育研究来说，不管数量还是质量均显薄弱。其问题主要表现在：其一，中等职业学校职业生涯教育研究多照搬普通学校职业生涯教育理论，未充分体现中等职业教育特点；其二，研究范式多为描述性研究，缺乏针对教育现象与教育问题的深度解释与分析；其三，研究方法偏理论分析，缺乏实地调查研究。

第三节　研究思路及研究内容

一、研究思路

本研究遵循"问题提出—理论分析—实践反思"的总体思路，以重庆市女子职业高级中学作为研究典型案例，对中职学生全程职业生涯教育进行系统性分析，力求构建反映我国中等职业教育特色的职业生涯教育体系。从全文结构上，研究首先以分析我国当前职业生涯教育的现状及问题作为出发点，阐明构建全程职业生涯教育体系作为开展有效职业生涯教育活动的意义。进而就全程职业生涯教育的理论基础、教育模式建构、课程与活动体系以及师资队伍建设等具体方面进行系统论述。最后，针对当前开展全程职业生涯教育的不足之处提出完善策略与未来展望。

二、研究内容

（一）中职学生全程职业生涯教育基本理论研究

本研究具有基础性研究性质，目的是丰富和完善我国职业生涯教育理论体系。因此，研究拟吸收人本主义、主体间性哲学、生涯发展理论、多元智能理论等多学科核心思想，结合我国开展中职学生全程职业生涯教育的实际情况进行深入研究，形成具有我国职教特色的职业生涯教育理论体系。

（二）中职学生全程职业生涯教育模式研究

本研究基于系统论思想，将中职学生全程职业生涯教育模式作为整体系统进行解构分析，从理论诠释与实践分析两个层面对该教育模式的构建理念、构成要素及运行特点进行研究，以科学反映中职学生全程职业生涯教育模式相较于传统职业指导与职业生涯辅导模式的优势及其特色功能。

（三）中职学生全程职业生涯教育课程及实践体系研究

本研究明晰了中职学生全程职业生涯教育课程体系与实践体系构建的理念与原则，在此基础上对课程及实践体系构成内容、实施策略及运行模式进行系统分析，并论述课程体系的评价特征。

（四）中职学生全程职业生涯教育师资队伍建设研究

本研究详细介绍与分析中职学生全程职业生涯教育教师类型及其职责，同时对除专任教师以外的其他重要职业生涯教育角色及功能进行了研究，明确了该领域教师专业化标准、教师专业发展方向及能力素质要求。

第四节　研究方法及研究创新

一、研究方法

本研究拟采用文献研究法、比较研究法、调查研究法等方法对研究对象进行分析。

（一）文献研究法

本研究充分利用现代网络技术，通过Google搜索、新浪搜索、百度搜索等搜索引擎以及CNKI、维普、万方等论文数据库对国内外职业生涯教育文献进行搜集、整理与分析，为研究提供理论参考。

（二）比较研究法

在研究过程中，通过对美国、英国、日本等发达国家开展职业生涯教育的理论基础与实施状况进行客观描述及对比分析，为构建我国职业生涯教育理论体系提供借鉴与启示。

（三）调查研究法

本研究以重庆市女子职业高级中学作为研究案例，采取问卷与访谈相结合的形式对该校开展中职学生全程职业生涯教育状况进行实地调查，了解中职学生全程职业生涯教育开展实际情况、优势及存在的问题，为我国中等职业学校职业生涯教育教学改革提供第一手资料。

二、研究创新

（一）研究主题创新

关于中职学生全程职业生涯教育的研究是国内职业生涯教育研究领域较少涉及的一个主题，研究数量极少，研究层次也较浅显。本选题填补了国内相关研究的缺失，丰富与完善了职业生涯教育理论体系，并为我国中等职业教育教学改革提供了实践范例。

（二）研究内容创新

本研究综合运用人本主义哲学思想、职业生涯理论和系统论等多学科理论，借鉴发达国家开展职业生涯教育的实践经验，对我国中职学生全程职业生涯教育的构成要素、要素间相互关系及运行特点进行系统分析，力求构建具有我国职教特色的职业生涯教育理论与实践体系。

（三）研究方法创新

本研究突破了以描述性或因果研究为主的质性研究方式的局限，将理论研究与实证研究有机结合，从机制性分析的深层次探究中职学生全程职业生涯教育的内涵、教育模式构建及运行机理，在实证研究的基础上验证理论假设。

第二章 ── 中职学生职业生涯教育现状及问题

教育理论研究来源于现实教育现象与教育问题，研究结果在于回到实践中去解决问题。可以说，弄懂教育问题是开展一切教育理论研究的基本出发点与首要步骤，只有认清教育现象、找准问题根源，才可能真正解开教育的谜团，寻求最优化的解决方案。我国职业生涯教育从发轫至今已有上百年的历史，追溯历史的轨迹、看清教育现状、探寻存在的问题是职业生涯教育得以完善与发展的源泉与动力。

第一节　我国职业生涯教育发展历史与现状

一、我国职业生涯教育发展历史概述

作为一种专业的社会活动和教育活动，近代职业生涯教育（职业指导）兴起于民国时期。职业生涯教育的发端与我国民族资本主义的快速崛起有着密切关系，民族产业的发展带来了对技能人才的大量需求。然而当时的学校教育受封建教育思想统治和影响极大，人们对职业教育大多存在鄙薄的倾向，学校的培养目标与教学内容与社会需求严重脱节，毕业生走向社会后总会遭遇就业困境，人才大量浪费。同时，社会底层青年缺乏接受技术教育的机会而身无长技，使底层家庭生计艰难。在这种社会背景下，一批进步教育家与有识之士认识到发展职业教育对推动社会稳定与国家兴盛的重要性，开始推行和倡导各种形式的职业教育与职业指导，产生了近代职业生涯教育的萌芽。[1]

民国初年，为了消除封建主义影响，积极发展资本主义，以蔡元培为代表的教育界人士秉持"人民生计为普通教育之中坚"的理念，在全国

---

[1] 田必琴. 民国时期职业生涯教育研究[D]. 保定：河北大学，2010：11.

倡导实利主义教育，加强职业技能培训力度，密切教育与国民经济生活之间的联系，发挥教育对国家经济发展与解决人民生计问题的功能。[2]黄炎培的近代职业教育思想就脱胎于实利主义教育，他在《学校教育采用实用主义之商榷》中开宗明义地指出必须从根本上明确教育的社会功能，认为应"打破平面的教育，而为立体的教育""渐改文字的教育，而为实物的教育"，在中国思想界和教育界产生了重大影响。[3]1917年，黄炎培在上海创立中华职业教育社，成为近代教育史上第一所以研究、提倡、试验、推行职业教育为宗旨的全国性教育研究机构。黄炎培坚持职业指导是职业教育的重要组成部分，"职业指导是帮助青年选择相当的职业"，"大多数青年不论男女，到了14岁或15岁，天然地会想到将来生活的寄托，就是择业问题。教育在这个时候就应该用种种方法明示或暗示各种职业的意义价值和从业的准备等等，使得每个青年不要走向和他天性或天才不相近的道路，这就是职业指导"[4]。著名学者邹韬奋对职业指导方法进行了详细论述："职业指导之实施时期，自职业陶冶时期，职业准备时期，专业训练时期，就业后补习时期，至确能自力经营、无须辅导时期，决非短时间两人晤谈之匆促商量所能塞责。"[5]

尽管民国时期没有明确出现职业生涯教育的概念，但职业指导的内涵已经具备职业生涯教育的理论要素。可以说，近代职业教育的兴起促进了科学化的职业指导与生计教育，为我国现代职业生涯教育发展奠定了理论与实践基础。

20世纪50—70年代，我国职业生涯教育出现了长时期的停滞。在高度计划经济时代，我国实行人员统包统分用人制度，人们不再根据个人职业

[2]孙培青. 中国教育史[M]. 上海：华东师范大学出版社，2000：366.
[3]中华职业教育社. 黄炎培教育文选[M]. 上海：上海教育出版社，1985：14.
[4]黄炎培，江恒源、杨卫玉，等. 中华职业教育社创设比乐中学意旨书[M]//社史资料选辑 第四辑 职业指导，上海：中华职业教育社，1988：225-226.
[5]邹韬奋. 职业指导之真谛[J]. 教育与职业，1923（48）：1-3.

发展需求择业，而是被动地由国家统一分配就业，职业选择被限制在极其狭窄的范围内，职业生涯教育丧失了其存在的意义而被迫中断。直到改革开放之后，职业生涯教育才重新获得了生机，各项职业指导工作在社会及教育界蓬勃开展。1994年，国家劳动部颁发了《职业指导办法》，对职业指导的宗旨、任务、内容办法等进行了详细规定，至此，我国职业生涯教育逐步走上法制化和规范化道路。[6]

二、中职学生职业生涯教育现状

自2002年国家提出大力发展职业教育以来，我国中等职业教育发展迎来了快速扩张的"黄金时期"，中等职业学校从招生数量到办学规模等方面均取得了跨越式发展，为社会培养了数以十万计的高素质应用型人才，创造了巨大的经济产值与社会效益。

"以服务为宗旨，以就业为导向"为中等职业教育教学改革与发展指明了方向。职业生涯教育能够帮助学生清晰地规划职业发展蓝图，对促进中职学生就业与创业发挥着极大的推动功能，因此，职业生涯教育越来越得到国家、社会及学校的高度重视。2001年，教育部印发《教育部关于中等职业学校德育课课程设置与教学安排的意见》，将职业生涯教育正式纳入中等职业学校必修课程。按照教育部规定，全国各省市相继开设了"职业道德与职业指导"课程，并在北京及沪苏浙等地区实施职业生涯教育试点。[7]全国其他地区的中等职业学校也结合区域经济发展状况与自身办学特色开展了各具特色的职业生涯教育活动，积累了宝贵的教育实践经验。

然而，我国职业生涯教育尚处于起步阶段，从教育理论到实践等各个层面都未形成科学成熟的体系。绝大多数中等职业学校里开展的职业生

---

[6]靳玉梅. 美国职业生涯教育及启示[D]. 曲阜: 曲阜师范大学, 2011: 20.
[7]王功义. 中等职业学校生涯教育探究[D]. 福州: 福建师范大学, 2009: 11.

涯教育从某种程度来讲还停留在传统职业指导范畴，对职业生涯教育的目标、意义及功能的认识模糊，其实施策略及教育方式严重滞后于职业教育人才培养需求，极大地制约了中职学生职业生涯的可持续性发展，影响了我国职业教育人才培养质量的提升。

第二节　中职学生职业生涯教育存在的问题及原因

我国中职学生职业生涯教育经历了近二十年的发展，在教育体制及机制方面开展了卓有成效的改革，在多省市中等职业学校设立了专门性就业指导机构，并有计划地实施相关课程及教学活动，学生就业情况得到了极大改善，在一定程度上增强了职业教育的社会吸引力。但综观中职学生职业生涯教育现状，尤其是与国外职业生涯教育的实施情况相比较，我国中职学生职业生涯教育还未形成成熟完善的体系。一些中等职业学校的职业生涯教育仍然浮于表面、形式单一，临近学生毕业才进行就业辅导、政策解说、法律咨询和组织招聘活动等，只重视就业之果而忽视了发展之根本，使目前职业生涯教育呈现功利化、短视化、零散化的"怪象"。本研究拟从学校教育、学生个体和社会支持三个层面分析我国中职学生职业生涯教育存在的突出矛盾，以寻找这些问题的解决方案。

一、学校教育层面问题

（一）学校对职业生涯教育的重视程度不够

美国、英国、日本等教育发达国家极其重视学校职业生涯教育，这些国家将开展职业生涯教育视为衡量学校办学质量优劣的重要标准，将职业生涯教育的意义上升为影响学生个体职业终身发展以及关系社会和谐稳定的重要位置，从思想上高度重视此项教育活动的科学设计与实施。尤其对于职业教育这种与社会经济发展有着天然的、直接的和内在联系的教育类型来说，开展职业生涯教育显得尤为重要。

从当前我国开展职业生涯教育的现状来看，许多中等职业学校还未完全认识到职业生涯教育的教育价值与社会价值，在观念上仍将职业生涯教育等同于传统职业指导，甚至仅仅将其视为德育系列课程的其中一门课程，只要完成国家规定的职业道德与职业指导相关课程教学，即完成职业生涯教育任务。这种短视化的现象在中等职业学校的教育教学过程中比比皆是，造成职业生涯教育在中等职业教育中的"弱势"地位，成为教育的"边缘地带"。学校对职业生涯教育的认识不清与重视程度不足造成了职业生涯教育的简单化，使其缺少有力的组织保障与制度保障。多数学校的职业指导办公室主要担负的职能只是向学生提供劳动力市场招聘信息、组织学生参加面试及安置学生就业，没有从根本上站在学生职业生涯发展的角度指导学生做好职业生涯规划、帮助学生做好工作角色转换及就业准备。在学校管理层面也缺乏对职业生涯教育的统一管理，导致职业生涯教育工作难以科学、高效地开展。[8]

（二）职业生涯教育缺乏系统性与整体性规划设计

联合国教科文组织第十八届大会通过了《关于职业技术教育的建议》，文件中指出："学习和职业的方向指导，应看成是一个连续过程和教育的一个重要组成部分，其目的是帮助每一个人在教育上和职业上做出正确的选择。"[9]然而经实地调查发现，目前大多数中等职业学校开展职业生涯教育的时间都相当分散，一般集中在二、三年级企业实习期间与临近毕业前夕，缺乏科学的理论指导职业生涯教育活动，更缺少对职业生

[8]王美凡. 中职生职业生涯教育现状及实施途径研究[D]. 桂林：广西师范大学, 2008：10.
[9]刘荣军. 关于高校职业规划教育的思考[J]. 中国大学生就业, 2006（10）：52-53.

涯教育内容进行整体性与系统性的规划设计。

其根本原因是学校对职业生涯教育的规划观念存在误区，即学校单方面认为，只有毕业生才有必要接受就业指导，针对其他年级的职业生涯教育只会消耗学校的人力物力，对学生就业发挥不了实质性作用。这种观念上的错误导致许多学校不会对学生职业规划和职业发展进行全程性指导，学生难以为将来顺利走上工作岗位做好相关知识储备、态度培养和技能准备，在毕业求职时处处碰壁，即使找到一份工作也并不称心，造成毕业生毕业即失业、就业即跳槽的严重问题。这也使用人单位对中等职业学校的人才培养质量满意度大大降低。

（三）职业生涯教育实施途径与教学方式单一

中职学生面临就业与升学的人生多重选择，初涉社会的毕业生往往表现出不同程度的心理矛盾与不适，他们需要从入学之初就将自我心理调适与职业生涯规划结合起来的咨询辅导而非简单的就业指导。[10]职业生涯教育正是基于中职学生个性化综合职业能力发展需求而施行的教育活动。但从实施现状来看，职业生涯教育的教育形式和教育效果与学生预期值之间的落差非常明显。在调查中发现，中职学生对学校职业生涯教育的满意度普遍呈较低水平。

造成这种结果的原因在于许多学校开展职业生涯教育的途径单一、形式呆板。其教育方式还停留在"你讲我听"的传统课堂授课，或不定期举办专场讲座，邀请一些高校专家或企业成功人士来传授职业成功经验与面试技巧。这种教育形式的缺陷一方面在于讲授内容与学生实际职业发展需求脱节，授课目标不具备针对性与实效性，无法从思想上、行动上真正对学生的职业观、人生观和发展观产生积极影响；另一方面，授课内容也

---

[10]王妮. 西方生涯发展理论对我国高职生就业指导的启示[D]. 咸阳:西北农林科技大学, 2008: 25.

不具有系统性和连贯性，学生听完讲座之后只是暂时"激情澎湃"一阵，之后由于缺乏其他教育形式的跟进，授课者与学生的"思想碰撞"也只是"昙花一现"，其励志效果随着讲座的结束而"烟消云散"。

（四）职业生涯教育课程设置形式化与内容宽泛化

中职学生职业生涯教育课程是一系列由职业生涯教育理论与实践操作共同构成的集科学性与实用性为一体的课程体系。职业生涯教育课程设置不仅应包括职业道德与职业规划相关理论，更应该涉及体现职业教育特点与中职学生心理发展特征的关于择业与就业的实践内容。从目前职业生涯课程设置来看，国家规定的两门课程："职业道德与法律"及"职业生涯规划"从教材内容到教学实施均偏理论化，在课程设计上缺少就业市场调查、职业兴趣测试、职业礼仪培训、面试技巧训练等实践内容，学生所了解的理论知识不足以帮助他们应对纷繁复杂的就业形势与就业问题。[11]

此外，目前缺乏针对中职学生职业生涯规划的校本课程开发，部分职业学校课程内容较为陈旧与宽泛，没有充分体现时代特征，没有反映出区域经济发展对人才资源质量的要求，导致课程内容与时代发展脱节、与社会实际脱节。中职学生职业生涯教育课程应该贯穿学生接受职业教育的全过程，对学生个体发展具有极强的针对性，通过多层次多方面的校本课程设置关注学生全面发展与终身发展。唯有这样，课程开发才能拥有"源头活水"，不断创新与发展，建立充分体现时代性、人本性、科学性与实际性的现代职业生涯教育课程体系。

（五）职业生涯教育师资队伍力量薄弱

职业生涯教育是一门专门性系统化学科，需要专门人员掌握其理论精髓与实践技巧，职业生涯教育师资队伍建设力度直接关系到该教育的教学

---

[11]孔夏萌. 高校职业生涯教育课程研究[D]. 重庆: 西南大学, 2013: 57-59.

质量与成效。

在调查中发现，大多数中等职业学校还没有形成一支专业的职业生涯教育团队，其授课任务多由学校德育处、就业指导处干部以及班主任、德育课教师、公共基础课教师和部分专业课教师承担。这些教师缺乏对职业生涯教育的知识和技能的系统学习，仅凭借自己的教育学根基和职场经验对学生开展相关教育，教育的随意性较大。学校方面也缺乏对职业生涯教育教师队伍培训的重视，造成教师教学能力参差不齐。此外，学校忽视与行业企业的合作，没有充分整合社会上能够胜任职业生涯教育教学的优质人力资源，无法形成由校内校外人员共同组成的多元化、专业化的师资队伍。

二、学生个体层面问题

（一）学生自我认知与职业观存在偏颇

中职学生大多处于15～17岁青春期后期阶段。在职业学校学习期间，其身心也发生着急剧变化，尤其是心理发展正处于从幼稚走向成熟的过渡阶段，自我意识开始觉醒，自主意识和独立意识都有所增强。这一时期的中职学生在自我认知方面表现出强烈的矛盾性：一方面对自己的能力抱有相当的自信，认为自己已经成长为一个成年人，可以顺利地自主地解决生活与学习难题；另一方面又普遍存在抗挫折能力较差的现象，当遭遇现实困难与打击的时候，容易沮丧和自卑。

调查显示，中职学生群体的择业观呈现两极分化的现象。一部分学生属于择业理想主义。在这部分学生的思想观念中，择业是件简单的事情，只要该职业收入高福利好，并且从事该工作轻松有趣，不需要消耗太多体力和脑力，那么该职业就是理想职业，也是毕业时的择业目标。他们较少考虑社会的实际情况与严峻的就业形势，对职业发展缺乏全面、客观和理性的认识。[12]与之相反，另一部分学生在择业方面存在严重的自卑感。他们受社会上崇尚高学历的风气所影响，认为职业教育属于"二等教育"，没有正确认识职业教育对个人发展的功能和意义，对接受中等职业教育存在抵触情绪，对自己的专业学习不甚上心，对自己的职业规划毫无头绪，对自己的未来发展极度悲观。无论上述哪种类型的择业观都会对学生个体发展产生严重的负面影响，也会降低学生参与职业生涯教育的积极性与主动性。因此，在开展职业生涯教育活动中应密切关注学生的心理状态，对错误思想及时加以纠正，引导学生形成正确的人生观和择业观。

（二）学生对职业生涯教育意义的认识程度不足

当今社会，信息化技术与人工智能推动着工业经济快速发展，知识与产品的更新换代日新月异，职业流动性也不断加速，这对人们的职业选择产生了深刻的影响。信息时代要求从业者综合能力更强、知识结构更加完善，择业观念更加科学化与多元化。[13]在这样的时代背景下，职业生涯教育显得尤为重要，它能帮助学生树立终身发展的理念，及早开展职业生涯规划，使自己具备扎实的职业素质与职业能力，以应对未来职业的挑战。

然而大部分中职学生在学习态度方面具有功利性和短视性倾向。他们认为只有专业课学习与技能训练才能帮助自己顺利择业，而对于职业生涯教育等通识课程学习积极性不高，只是把接受该教育作为获得学分的一项机械性任务，并没有充分认识到职业生涯教育的意义。

为了改变这种现象，中等职业学校需要在学生入学初就加强其职业生涯教育目标及意义的教育，让学生正确、充分地认识开展职业生涯教育的积极意义。此外，学校也需要和家长、社会积极配合，极力扭转大众对职业教育只是技能训练的"刻板印象"，让整个社会认可职业教育促进人全面发展的价值，从而对学生接受职业生涯教育产生积极影响。

---

[12]王美凡. 中职生职业生涯教育现状及实施途径研究[D]. 桂林：广西师范大学, 2008：8.
[13]王功义. 中等职业学校生涯教育探究[D]. 福州：福建师范大学, 2009：15.

三、社会层面问题

（一）行业企业参与职业生涯教育的意识淡薄

党的十九大报告中强调职业教育要实现产教融合与校企合作。校企合作从本质来讲是一种组织间关系，即职业教育与产业或行业、职业学校与企业的关系，因此，校企合作是一种跨系统或跨界的合作。[14]然而校企合作却面临很大的障碍，其中最大的问题在于企业参与职业教育的主动意识不强，参与度不够深入。教育部原部长周济受国务院委托向全国人大常委会的报告《国务院关于职业教育改革与发展情况的报告》中陈述职业教育亟待研究解决的问题中就涉及企业参与职业教育的难题："职业教育管理体制有待进一步完善，行业、企业和学校兴办职业教育的积极性还没有得到充分发挥。"[15]说明校企合作问题成为制约职业教育事业健康发展的重要瓶颈。

职业生涯教育属于职业教育的重要内容，需要全社会尤其是行业积极参与、通力协作，共同办好。从利益相关者理论来看，职业生涯教育是对校企双方均能带来教育效益和经济效益的教育活动。职业学校培养的技术技能型人力资本是企业人力资本中需求数量最多的人力资本类型，直接影响技术创新和产品质量；企业想要获得高素质的人才，必须参与职业学校的人才培养工作。[16]而目前国内企业大多数还处于初级发展阶段，对人才培养缺乏长远目光，部分企业认为参与职业教育教学会浪费企业人力物力和财力，造成其参与动力不足。要从根本上解决这种问题，需要政府从政策、法律、财政、税收等方面给予参与职业教育的企业以优惠政策，从体制机制层面加强对校企合作的支持，为校企合作搭建稳定的发展平台，

[14]耿洁. 职业教育校企合作体制机制研究[D]. 天津：天津大学，2011：2.

[15]周济. 国务院关于职业教育改革与发展情况的报告[EB/OL]. （2009-04-22）[2018-01-13].

[16]耿洁. 职业教育校企合作体制机制研究[D]. 天津：天津大学，2011：106.

增强企业深度参与人才培养的积极性与主动性。

（二）职业生涯教育缺乏科研机构支持

职业生涯教育既是一项教育实践活动，也是教育理论体系建构的研究活动。职业生涯教育离不开专门机构与专门人员的理论研究，如果缺乏理论支持，职业生涯教育就会"凭着感觉走""摸着石头过河"，容易被经验主义误导而陷于各种教育困境。

纵观世界上职业生涯教育得以蓬勃开展的美国、英国、日本等发达国家，从国家、地方到学校层面均建有不同规模的职业指导与职业生涯教育专门性研究机构，针对职业生涯教育课程设置、职业生涯发展测评工具等领域开展了卓有成效的研究，以先进理论推动职业生涯教育实践的发展。而目前我国各地区教育研究机构以及高校科研院校对参与职业生涯教育理论研究的重视程度还远远不够，更缺乏专门从事职业生涯教育研究的专门组织与专业团队。理论研究的缺乏削弱了职业生涯教育实践的科学性、理论性与系统性，在很大程度上制约了我国职业生涯教育的科学发展。

（三）职业生涯教育的保障体系不健全

我国职业生涯教育缺乏由相关法律、政策、资金投入及有效管理构成的教育保障体系，这成为当前职业生涯教育发展面临的主要问题之一。我国关于实施职业生涯教育的法律法规尚未健全，造成部分中等职业学校对待职业生涯教育工作漫不经心、流于形式。同时，地方政府也未针对职业生涯教育给予专门性财政支持，而专项资金缺乏更加影响了此项教育活动的积极推广。

反观英美等发达国家，不仅在法律层面保障了各学校开展职业生涯教育的必要性与积极性，而且实行职业生涯教育管理的分权管理运作体系。以美国为例，其联邦政府设有专门职业指导处与人事服务司，负责协调各州、各职能部门之间的职业生涯管理与辅导工作；州层面设有指导和人事服务处，负责本州学校的职业生涯教育管理；各学校亦设立了就业规划中心与服务部门，负责科学安排学生职业生涯规划课程及社会实践事宜等。[17]各层级机构相互密切合作，共同保障职业生涯教育体系的顺利运行。此外，充足的经费投入也是美国职业生涯教育得以可持续发展的重要措施之一。我国应借鉴国外经验，从法律完善、财政投入、管理机制创新等各方面加强对职业生涯教育规模与质量的保障，促进职业生涯教育科学健康发展。

---

[17]靳玉梅. 美国职业生涯教育及启示[D]. 曲阜: 曲阜师范大学, 2011: 12.

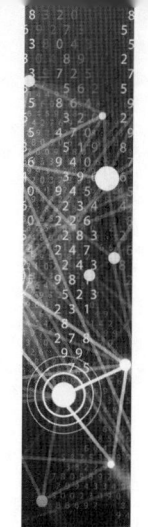

第三章

———

中职学生全程职业生涯教育的理论基础

理论是指人们由实践概括出来的关于自然界和社会的知识的有系统的结论。[1]理论在职业生涯教育中真正发挥什么作用？关于这一点，开展职业生涯教育的实践者们最有发言权。如果失去了科学的理论指导，无论是确立职业生涯教育的指导思想，还是构建职业生涯教育模式、实施职业生涯教育活动等整个教育过程都好像进入一条黑暗的"隧道"，没有灯光的指引而在暗地中凭直觉摸索。换言之，理论基础的匮乏会使职业生涯教育事业的发展陷入各种困顿的境地、停滞不前甚至倒退。

第一节　中职学生全程职业生涯教育的哲学基础

一、人本主义思想

马克思曾指出，"哲学不是世界之外的遐想"，"人民最精致、最珍贵和看不见的精髓都集中在哲学思想里"[2]。人本主义作为一种广泛应用于人类实践活动的哲学理论，以抽象的理论精髓概括出了人类历史上人本实践的宝贵经验。[3]

人本主义是以"人"为研究中心的理论体系，"宣称对个体、人类内在尊严、人性权利和价值、具有自主性的自我导向发展等的神圣不可侵犯性"[4]，强调人类自由与自主性、个体与潜在性、自我实现、责任与仁

[1]中国社会科学学院语言研究所词典编辑室. 现代汉语词典[M]. 6版. 北京:商务印书馆, 2015: 795.

[2]中共中央马克思恩格斯列宁斯大林著作编译局. 马克思恩格斯全集(第1卷)[M]. 北京:人民出版社, 1956: 120.

[3]陈鹏. 澄明与借鉴——人本主义视角的美国职业教育研究[D]. 天津:天津大学, 2012: 17.

[4]LUCAS C. Humanism[M]// CHABLISS J. Philosophy of Education: an Enuculopedia. Oxford: Elsevier Science Ltd., 1994: 285.

爱等基本原则。[5]美国历史学家爱德华·切尼（Edward P. Cheyney）对人本主义理论价值给予了形象的描绘与高度评价。他认为，人本主义"可以是古希腊时期早期人本主义学者所发现的和谐的生活状态，可以是博雅的文学或人文学科的研究，可以是摆脱宗教束缚的自由以及伊丽莎白女王或本杰明·富兰克林之生活的多方面兴趣，可以是莎士比亚或歌德对人类热情的讴歌，或者是以人为中心的哲学"[6]。总之，人本主义是一种以人为中心的哲学，它尊重人的自主性与能动性，维护人类对自我发展、自由与善的永恒追求。

作为一种宏观哲学，人本主义具有丰富而深刻的内涵。它首先关注人，以实现对人的个体存在与权利的维护。它的目标指向于个体的完整性发展以及自由价值的实现，这一目标的实现需要建立充满人本关照与民主交流的社会关系体。人本主义对教育的实践包括职业生涯教育具有重要的启示意义。人本主义要求通过职业生涯教育实现公平的职业选择、学生个性与能力的充分发展。具体而言，职业生涯教育通过确立科学的培养目标、整合的课程结构和民主的教学实践来实现对学习者教育权利的捍卫、个体全面发展目标的终极追求。[7]

首先，从人本主义对人之本体的维护角度来看，职业生涯教育应满足人人接受教育、人人拥有选择自由职业的权利。其次，从人本主义对完整人的发展的终极追求角度来看，职业生涯教育应具备全面发展的人的培养目标和彰显个性需求的课程设置。人本主义在维护人之本体权威和尊严的过程中始终追寻着理想个体的实现，这一理想个体是在理性和感性方面皆

[5]ELIAS J, MERRIAN S. Philosophical foundations of adult education[M]. Malabar: Krieger Publishing Company, 2005:117-123.

[6]CHEYNEY. Humanism [M]// SELIGMAN E. R. Encyclopedia of the Social Sciences (Ⅳ). New York: Macmillan, 1937: 541.

[7]陈鹏. 澄明与借鉴——人本主义视角的美国职业教育研究[D]. 天津: 天津大学, 2012: 17.

得到全面发展的自我实现和人格健全的人，这规定了作为社会实践重要组成部分的职业生涯教育实践必须将培养全面发展的具有综合职业能力的人作为培养宗旨。最后，从人本主义所倡导的和谐关系体角度出发，职业生涯教育应建立民主的教学实践关系。这种民主的关系充满了对个体独立自主性和主观能动性的尊重，充满了人本关怀和人性关照。[8]

二、主体间性哲学

主体间性是20世纪哲学中用以建构交往理论范式的哲学思想。主体间性哲学正式成为哲学话语肇始于胡塞尔（E. Husserl）的现象学哲学，之后就成为存在主义、哲学解释学、语言分析学和社会学的一般理论关注的主题。其中，以哈贝马斯（J. Habermas）的"交往行动理论"框架下描述的主体间性最为典型。

主体间性的内涵是指主体间关系的规定，是交往过程中所实现的人与人之间的统一性关系。主体间性哲学研究的是主体之间的关系，这种关系是建立在民主、平等、和谐的基础上的相互尊重、理解、沟通的主体与主体之间的交往对话关系。民主平等是主体间性的基础前提，交往对话是主体间性的本质属性。[9]主体与主体之间都作为完整的人在交往，谁也不把对方看作工具或手段，而是和自己一样的平等主体。主体间性更好地协调了人们之间的关系，告诉人们之间应该怎样交往，尤其对怎样协调师生之间的关系做出了很好的诠释。因此，主体间性的特征集中表现为对话性与开放性、沟通性与交互性、非构成性与实践性、共在性与现实性。对话性与开放性是指主体之间不是封闭的，而是相互敞开的，彼此之间通过对话进行交流；沟通性与交互性是指主体之间不是单向的关系，而是通过沟

---

[8]陈鹏. 澄明与借鉴——人本主义视角的美国职业教育研究[D]. 天津：天津大学，2012：31-32.

[9]徐涛. 我国近五年来主体间性教育研究综述[J]. 现代教育科学，2006（4）：113.

通相互理解、相互影响和相互作用；非构成性与实践性是指主体之间不是认识与被认识的关系，而是在平等交往中的实践关系；共生性与现实性是指主体之间是共同生活在这个现实世界中的。[10]

中职学生全程职业生涯教育充分体现了主体间性哲学思想，即在职业生涯教育中，教师/职业生涯导师与学生两者之间的主体关系是建立在民主、平等与和谐基础上的相互尊重、相互理解与相互包容的交往对话关系。[11]在职业生涯教育中，师生关系的民主和谐从一定程度上折射出相互包容与理解的社会关系，反映了当前社会向着民主自由的方向前进与发展的趋势。主体间性职业生涯教育有助于在学生步入社会前培养其良好的社会道德与社会心态。

主体间性职业生涯教育体现了教育者和受教育者主体间互动交往的教育人际关系，有利于形成教学过程中师生间平等良性的互动，增强教学效果。主体间性思想转变了传统教学中学生处于被动地位的客体角色，充分肯定学生的主体性地位，能够极大地激发学生的主观能动性与学习积极性。主体间性哲学思想为职业生涯教育提供了新的指导思想和方法论，也深刻揭示了职业生涯教育的科学本质。

第二节　中职学生全程职业生涯教育的心理学基础

一、霍兰德生涯类型理论

霍兰德（Holland）生涯类型理论建立在心理学研究的基础上，认为人们会将其对自身及职场的看法投射到职业名称上。通过让个体表达对于特

---

[10] 居峰. 高校主体间性思想政治教育研究[D]. 北京: 中国矿业大学, 2014: 33.
[11] 居峰. 高校主体间性思想政治教育研究[D]. 北京: 中国矿业大学, 2014: 39.

定职业名称的喜好或厌恶将人们分派到模式化的个体类型中。[12] 霍兰德生涯类型理论对于开展中职学生全程职业生涯教育，建立学生的自我认知与做好职业规划具有积极的理论指导意义。

霍兰德理论的核心观点是人格类型与职业选择密切相关。人可划分为六种人格类型，每种类型人格的人会对相应职业类型的工作或学习感兴趣；人会主动寻求能充分展现其能力与价值观的工作环境；个体的人格类型和工作环境之间的适配和对应是获得职业满意度、职业稳定性和职业成就的重要基础。[13]

霍兰德在人格描述中将人格倾向分为的六种类型分别是现实型、研究型、传统型、艺术型、企业型和社会型。

现实型的人格表现为顺从、坦率、谦虚、坚毅、实际、有礼、害羞、稳健，喜欢有规则的具体劳动和需要基本操作技能的工作，但缺乏社交能力，不适合从事社会性质的职业。符合其性格特征的典型职业包括技能性职业和技术性职业。

研究型人格的外在表现是聪明、理性、独立、谨慎、好奇心重、有批判精神，善于观察、学习、研究、分析、评估和解决问题，但缺乏领导才能。其适合的典型职业包括科研人员以及工程师等。

传统型人格特质为顺从、谨慎、保守、自控、踏实稳重、做事有效率，喜欢有条理的工作任务，擅长文书和数学计算。其典型职业包括秘书、办事员、会计、出纳员等。

具有艺术型人格倾向的人易冲动、情绪化、有创意、不重实际、有创造力，喜欢在自由的环境里工作，但不善做实际性工作。其典型职业领域涉及艺术、音乐和文学创作。

[12] 塞缪尔·H. 奥西普，路易丝·F. 菲茨杰拉德. 生涯发展理论[M]. 4版. 顾雪英，姜飞月，等，译. 上海：上海教育出版社，2010：52.

[13] 靳玉梅. 美国职业生涯教育及启示[D]. 曲阜：曲阜师范大学，2011：6-7.

企业型人格的人自信独断、精力充沛、冒险精神强、乐观、追求享受，善于说服和领导别人，追求政治和经济上的成就，喜欢从事领导及企业性质的职业。其典型职业包括政府官员与企业领导等。

社会型倾向的人具有合作、友善、慷慨、助人、负责、善解人意、善言谈、洞察力强等特质，关心社会问题，喜欢教导、帮助和训练别人，但缺乏机械操作能力和科学研究能力。其擅长的职业包括教育工作者和社会工作者。

霍兰德指出，人格倾向一旦明显形成，将深刻地影响职业选择与职业行为。如果一种倾向比其他的倾向更占优势，个体将会寻求与这种倾向相符合的职业环境。[14]

二、舒伯生涯发展理论

舒伯（Donald E. Super）的生涯发展理论建立在心理学的三个分支领域基础上。第一个领域是差异心理学。舒伯提出，在多样化的职业环境中，任何个体都拥有获得成功和满意感的潜力。人们由于兴趣和能力的差异而从事不同的职业，如果某种职业所需要的兴趣和能力比较接近个体本身的特质，那么个体从事该职业将会获得更大的满意感。对舒伯理论产生重要影响的第二个领域是自我概念理论。舒伯认为，职业自我概念的发展以对工作中成人的观察和认同为基础。第三个领域是发展心理学。舒伯根据比勒（Buehler，1933）关于生命阶段的概念提出个体在某一阶段的调试模式在一定程度上可以预示其在后续阶段的调适技能。[15]

舒伯的生涯发展理论内容包含职业发展的十二项基本主张：职业发展

---

[14] 塞缪尔·H. 奥西普，路易丝·F. 菲茨杰拉德. 生涯发展理论[M]. 4版. 顾雪英，姜飞月，等，译. 上海：上海教育出版社，2010：52-53.

[15] 塞缪尔·H. 奥西普，路易丝·F. 菲茨杰拉德. 生涯发展理论[M]. 4版. 顾雪英，姜飞月，等，译. 上海：上海教育出版社，2010：77.

是一个连续不断和循序渐进且不可逆转的过程；生涯发展是一个有秩序、有固定形态且可以被有效预测的过程；生涯发展是一个整合各方条件的动态过程；个体的自我概念形成于儿童期，逐渐明朗于青春期，生涯概念形成于成年期；从青少年期至成年期，人格特质、社会环境等现实因素会随着年龄、时间的增长而增加，并对个体的职业选择产生重要影响；父母的认同会影响加速个体角度的发展、各角色之间的协调一致以及对职业计划和结果的解释；个体的职业升迁方向和速度是由其智慧能力、对权势的需求、价值观、兴趣、人际交往技巧、父母的社会地位和社会环境等因素共同决定的；影响个体生涯选择的因素很多，如个体的兴趣、能力、价值观、需求、父母认同、学历、社会资源的利用程度以及所处社会的职业结构和趋势等；即使每一种职业对从业者都有特定的能力、人格特质和兴趣的要求，但存在某种程度的弹性，允许不同类型的人从事相同的职业，或相同类型的人从事不同的职业；个体的工作满意度要根据其能力、兴趣、价值观等各种特质能否在工作中得到适当发挥而定；个体的工作满意度与个体的自我概念在工作中的实现程度有关；工作是大多数个体的人生重心所在。[16]

舒伯认为人的生涯发展中，个体要面对成长、探索、建立、维持和衰退五个阶段，形成五阶段循环发展模式。因此个体职业发展的优化途径一是开发个体的能力兴趣，多用于个体的学生时期；二是促进个体自我认知，明晰自身的优劣势，这一般出现于人生事业的中后期。舒伯的生涯发展理论对中职学生树立正确的人生观、职业观，开展科学的职业生涯规划具有重要意义。

---

[16] 靳玉梅. 美国职业生涯教育及启示[D]. 曲阜: 曲阜师范大学, 2011: 8-10.

第三节　中职学生全程职业生涯教育的教育学基础

一、建构主义学习理论

建构主义学习理论是认知学习理论的一个重要分支，它所倡导的合作学习和交互式教学（Reciprocal Teaching）对科学开展中职学生全程职业生涯教育教学活动具有启示意义。

建构主义学习理论最早由瑞士心理学家皮亚杰（Piaget）提出，他在应用内因和外因相互作用的观点研究儿童的认知发展后认为，儿童是在与周围环境相互作用的过程中逐步建构起关于外部世界的知识，从而使自身认知结构得到发展的。他认为儿童的认知结构是通过"同化"（Assimilation）和"顺应"（Accommodation）两个主要过程建构起来的，并通过这两种形式达到与周围环境的平衡。在皮亚杰理论的基础上，布鲁纳（Bruner）等学者从认知结构的性质与发展条件、个体主动性在建构认知结构过程中的关键作用以及认知过程中学习者所处社会文化历史背景的作用等方面丰富和发展了建构主义理论，为教学实践奠定了理论根基。[17]

建构主义理论认为，学习是学习者通过与周围环境交互而自主建构内在心理表征的过程，知识不是靠教师传授得到的，而是学习者在一定的情境，即社会文化背景下借助其他人（包括教师和学习伙伴）的帮助，利用必要的学习材料，通过意义建构的方式而获得。由于学习是在一定的情境中借助其他人的帮助，通过人际协作、讨论等活动在意义建构过程中获得的，因此建构主义学习理论认为"情境""协作""会话"和"意义建构"是学习环境的四大要素或四大属性。建构主义提倡在教师指导下的、以学习者为中心的学习，也就是说，建构主义既强调学习者的认知主体地

---

[17] 周军平. 建构主义学习理论及其倡导的教学模式[J]. 兰州交通大学学报: 社会科学版, 2006, 25（2）: 121-124.

位，也不能忽视教师的指导作用。学生是建构知识的主体，而非外部刺激的被动接受者和知识的灌输对象。学生的学习具备积极性、建构性、积累性、目标指引性、诊断性和反思性特征，而教师则是意义建构的一个环境因素，对意义建构发挥着不可或缺的促进作用。[18]

建构主义学习理论对职业生涯教育的教学活动开展有着深刻的启示。第一，学习是学习者主动建构意义的过程。在职业生涯教育教学中，应改变传统上由教师讲授而学生被动接受知识的局面，充分发挥学生的学习自主性，使教学由"知识传授型"向"综合能力培养型"转变。教师要设计与教育内容相关的情境，针对学生职业发展需求提出具有思考价值和启发意义的问题，引导学生通过解决问题来建构新的知识，将学习变成学生主动参与和自我发现的过程，而不是盲目接受和被动记忆。第二，职业生涯教育是师生和学生之间合作与互动的过程。师生之间的合作与互动不仅可以提高职业生涯教学质量，也可以营造轻松愉快的教学环境，让学生从心理上乐于接受。建构主义的合作学习还强调学生之间的互动，包括小组讨论、互相评价等，合作学习有利于培养学生与他人共处的合作精神与协作意识，为将来在职场中的团队协作打好基础。

二、多元智能理论

传统智力理论认为，智力具有单一性、高度的遗传性和可测量性，借助纸笔式的心理测验等手段就可以获知一个人的聪明程度。这种传统智力理论对教育的影响主要体现在以下三个方面：其一，学校的"一元化教育"要求学生尽可能地学习相同的课程；其二，以测验为本位的学习用考试衡量学生的学习效果，一切为成绩而教；其三，以学习成绩的优劣来预

---

[18]周军平. 建构主义学习理论及其倡导的教学模式[J]. 兰州交通大学学报: 社会科学版, 2006, 25（2）: 121-124.

测学生未来成功与否。而教育现实证明，以成绩为目标的教育对人的全面发展起到了严重的阻碍作用。[19]

自20世纪80年代起，西方教育家对传统智力理论提出了挑战，加德纳的多元智能理论正是在此背景下产生的。1983年，加德纳在其专著《智能的框架》中提出多元智能理论，认为人类有七种智能（后来补充为九种智能），包括数理逻辑智能、语言智能、空间智能、身体动作智能、音乐智能、自然观察智能、人际交往智能等。加德纳强调，人的智能是多元的，每个人都不同程度地拥有多种智能，个体的智能差异是智能之间不同组合的表现。[20]

多元智能理论从根本上影响了教育观念。首先，它强调乐观的学生观。每个学生都具有自己的智能强项和自己的学习风格，教育应着眼于发展学生的个体强项。其次，倡导个性化的课程观。根据学生不同的智能特点实施个性化教学。再次，采取"对症下药"的教学观。教师应尽可能根据不同学生的智能特点开展教学活动，针对不同的教育对象采用适宜的、能够促进学生允分全面发展的教学手段和方法，给予学生最大程度的发展机会。最后，树立灵活多样的评价观，建立以人为本的评价体系。[21]

多元智能理论对开展中职学生全程职业生涯教育同样具有启示意义。中职学生从个体来讲是具备多元智能的"复合体"，每位学生都有自己独特的优势智能，而这种优势智能在其职业生涯发展中将发挥巨大的作用。作为职业生涯教育的教师，应努力发现与发掘学生的优势智能，因势利导，以鼓励为主要手段引导学生正确地认识自我价值与能力，使学生既可以克服在职业规划方面的盲目自信，也可以避免对自己的全盘否定。此外，在多元智能理论指导下，职业生涯教育课程与教学的基本原则是以促进学生的个性化发展为宗旨，关注学生的多种潜能特点，以学生已有经验为基础开展教学，以多元灵活的评价为手段激励学生发展智能强项，增强对自己职业生涯发展的信心与前进的动力。

---

[19]叶澜，杨小微. 教育学原理[M]. 北京: 人民教育出版社, 2007: 310.

[20]叶澜，杨小微. 教育学原理[M]. 北京: 人民教育出版社, 2007: 310-311.

[21]叶澜，杨小微. 教育学原理[M]. 北京: 人民教育出版社, 2007: 311.

第四章 —— 中职学生全程职业生涯教育模式

　　"模式"一词在社会科学研究与实践领域应用甚广。《辞海》将"模式"定义为"事物的标准样式"。学者查有梁在《教育建模》一书中对"模式"的诠释是"模式是客观实物的相似模拟（实物模式），是思想观念的形象显示（图像模式和语义模式）"[1]。其含义一方面是指将事物抽象化之后的理论型的简化形式，即人们为了某种特定的目的对认识对象包括其运行、表现或相互联系的形式，发展机制运作的方向等方面所做出的简化后的理论描述或摹写；另一方面指可供人们参考或照着执行的样式。

　　"教育模式"是"模式"的下位概念。《教育大辞典》将"教育模式"分为宏观、中观和微观三个层次。如把教育置于人类社会发展的宏观视域下，教育模式即为教育在一定社会条件下形成的具体式样；把教育置于国家发展的视域下，教育模式是反映某个国家教育制度特点的教育式样；从教育内部看待教育模式则意味着某种教育和教学过程的组织方式，反映活动过程的程序和方法。[2]按照这样的定义，本书探讨的中职学生全程职业生涯教育模式应属微观层面的教育模式。它规定了人才培养的目标和规格，明确了人才培养的方式、方法和途径，具体包括课程体系、课程内容、教学活动、教材建设和考核评价，[3]是教育行为主体所表现出的具有稳定性的思想理念、行为方式及最终效果的统一体。

---

[1]查有梁. 教育建模[M]. 南宁: 广西教育出版社, 2000: 21.

[2]《教育大辞典》(增订合编本)编纂委员会. 教育大辞典(增订合编本上)[M]. 上海: 上海教育出版社, 1997: 1 815.

[3]金盛. 涨落中的协同: 中高职衔接一体化教育模式研究[D]. 重庆: 西南大学, 2013: 2.

第一节　中职学生全程职业生涯教育模式的构建理念

一种教育模式的建构与实施离不开其理论顶层设计，即教育模式的构建理念。构建理念是对教育模式所要实现的教育目标与宗旨的总括性、抽象性描述，对模式的实施与评价发挥着极其重要的引领功能。

教育模式构建理念按照形成方式分为自上而下、自下而上以及两者相结合三种类型。自上而下是指先由教育模式的顶层设计者完成理论模型建构，再运用到教育教学实践中；自下而上是指教育模式的产生源自教育实践经验，再由经验做法提升为具有一定理论创新性的教育理念；自下而上与自上而下相结合的类型则综合了前两者的优点，即教育模式构建理念既扎根于教育实践活动，也经历了由实际经验向教育理论升华的抽象化概括化过程，体现了"从实践到理论，再在实践中验证与改造理论"的逻辑思想。

"中职学生全程职业生涯教育模式"正是自下而上与自上而下两者有机结合的典型范例。该模式源自重庆市女子职业高级中学长达八年的学生职业生涯教育探索，在实践中产生与提炼出"全程职业生涯教育模式"，并通过理论模式的构建与完善更科学地指导中职学生职业生涯教育。

一、中职学生全程职业生涯教育的概念内涵

（一）职业生涯教育

要明晰职业生涯教育的概念内涵，首先需要对"职业"和"生涯"两个关键词进行阐释。国外自20世纪初期便对职业开展研究，随着产业革命的深化与人类社会发展，职业不断发生变迁，专门化的职业分工愈加精细与具体，职业相关研究也更加科学与系统化。美国社会学家赛尔兹将职业界定为一个人不断取得个人收入而连续从事具有市场价值的特殊活

动。[4]日本劳动问题专家保谷六郎认为职业是有劳动能力的人为了生活而连续从事的活动。[5]我国《现代大辞典》则将职业诠释为"个人服务社会并作为主要生活来源的工作"。[6]

从以上对职业一词所下定义中可以归纳出职业具备三点基本特征:一是职业需满足社会需求。任何职业的产生与消亡无不跟随社会产业发展的步伐,只有能够满足社会需求的岗位工作才可以被称为职业,反之,如一个职业已不能满足人们生产生活要求,那它必将消失在人类职业的名单里。二是职业能为从事该工作的人们带来经济收入,以满足其物质与精神生活。一个人通过付出一定程度的体力与智力劳动从事相关职业,一方面能赚取等价的劳动报酬,另一方面通过职业劳动获得社会认可与地位,从精神层面实现受社会尊重的需求目标。三是从事职业活动能为社会产生财富。美国著名经济学家西奥多·舒尔茨(Theodore Willian Schultz)明确提出人力资本是促进国民经济增长的主要原因。而人力资本是体现在劳动者身上的一种资本类型,像土地、资本等实体性要素一样在社会生产中具有重要作用。[7]

"生涯"的英文为"Career",原意为古代战车,后引申为道路。现在主要是指个体的人生道路,即对个体在一生中经历的全部事件及所扮演的各种生活角色的抽象与概括。[8]20世纪70年代,美国生涯指导专家舒伯对生涯的科学诠释得到了多数学者的认可。舒伯认为,"生涯是生活中各种事件的演进方向和历程,它统合了人一生中的各种职业和生活角色,

---

[4]陈禹. 人力资源开发背景下美国高校职业生涯教育研究[D]. 长春: 东北师范大学, 2011: 17.

[5]徐笑君. 职业生涯规划与管理[M]. 成都: 四川人民出版社, 2008: 22-23.

[6]中国社会科学院语言研究所词典编辑室. 现代汉语词典[M]. 2版. 北京: 商务印书馆, 1993: 1483.

[7]舒尔茨的人力资本理论[EB/OL]. [2018-01-25].

[8]陈禹. 人力资源开发背景下美国高校职业生涯教育研究[D]. 长春: 东北师范大学, 2011: 17.

由此表现出个人独特的自我发展形态"。[9]

结合"职业"与"生涯"两个词的释义，我们可以将"职业生涯"理解为个体在一生中经历的所有与职业相关的活动与事件，在此过程中展示了其职业态度、理想、情感与职业能力等个体职业素养。从广义上讲，职业生涯贯穿个体终生，包括了为职业做准备的阶段、职业劳动乃至职业劳动的延续（退休后从事与职业有关的社会活动）；从狭义上讲，职业生涯只涵盖个人从事职业劳动的历程，即从正式参加工作直至退休。本书中所提到的"职业生涯"内涵均指狭义上的理解。因此，职业生涯教育即为培养个体从事专门职业劳动而进行的关于职业态度、情感与能力等方面的教育与培训。

（二）中职学生职业生涯教育的特点

在中等职业学校开展职业生涯教育的服务对象主要针对中职学生，因此中职学生职业生涯教育的特点很大程度上取决于中职学生择业价值观与个体认知。

长期以来，在深受"学而优则仕""万般皆下品"等封建思想荼毒影响而形成的国内文化大环境下，人们往往习惯于从传统狭隘的一元智能观角度审视中职学生，把这个群体看作各方面素质与能力极差的"笨孩子"和"差生"，属于同龄学生中的"二流群体"。而中职学生自己也对自己及职业学校缺乏合理的认识，对未来规划缺乏长远目光与发展信心，对如何获取职业成功看法偏颇甚至严重扭曲，对自我行为缺少有效控制，使该群体存在职业方向不明确、职业观点不科学、职业态度不负责等严重问题，造成了部分中职学生"毕业即失业，上岗即下岗"的恶劣局面。[10]

---

[9]沈之菲. 生涯心理辅导[M]. 上海：上海教育出版社, 2000：3.

[10]王美凡. 中职学生职业生涯规划教育现状及实施途径研究[D]. 桂林：广西师范大学, 2008：1-2.

这种学生观显然不符合现代职业教育人才培养要求，目前已遭到教育界的严重批判。职业学校学生属于不适应以升学为目标的传统教育体制下的学生群体，他们直接以就业为目的，同时也拥有向学历教育转型的机会与选择权。从多元智能观角度看，这类学生群体并不是缺乏能力，而是具备与普通学校学生不一样的优势智能。多元智能理论创始人、美国哈佛大学心理学家霍华德·加德纳（Howard Gardner）基于对传统一元智能观的质疑与挑战提出智能的生物性、多元性、个体差异性与发展性特征。他认为每个人与生俱来具有多种智能，而各人智能结构具有差异性，智能会伴随年龄及环境变化而改变与发展。[11]加德纳将人类智能分为八种类型：语言智能、逻辑数理智能、空间智能、音乐智能、身体运动智能、人际交往智能、自然观察智能及自省智能。普通学校学生通常在语言及逻辑数理方面表现出强势智能，但这不能作为评判学生优秀或成功与否的科学标准。在当今社会多元化发展的背景下，应树立凡人皆才、人人成才的人才观。职业学校学生的优势智能多体现在人际交往智能及身体运动智能等方面，他们对实践操作及社会交往具有较强的敏感度与积极性。中等职业学校应准确把握学生智能特征，以智能差异认同为前提，充分尊重学生的择业取向与学习兴趣，以提供多样化的教育资源与个性化选择平台为手段，有的放矢地开展围绕职业与人生蓝图规划及解决现实择业就业难题为核心的职业生涯教育课程开发与实践活动，帮助学生树立科学的人生观、价值观与择业观，深化及开拓学生的优势智能与专业技能，使其获得"人生出彩"的机会和能力，这是中职学生职业生涯教育的必然要求与基本特点。

（三）全程职业生涯教育与传统职业指导的本质区别

"职业指导"是一种专门性的社会服务。早在19世纪末，美国就已

---

[11] 张金秀. 多元智能理论与全球教育转型——2010年北京多元智能理论国际研讨会综述[J]. 比较教育研究, 2011(3)：88-90.

针对职业指导开展课题研究，而"职业指导"的概念最早由美国职业指导专家帕森斯（Frank Parsons）于1909年提出并进行界定。[12]职业指导的意义在于为有就业需求的劳动者传递就业信息，包括预测拟就业的劳动力资源、收集与传播社会岗位需求量资讯、提供劳动技能培训以及组织就业相关综合性社会咨询服务活动，以架构起有就业需求的劳动者与用人单位沟通的桥梁，协助政府维护社会就业市场稳定。[13]传统职业生涯指导基于帕森斯的"特性—因素匹配"理论，该理论强调个体拥有独特的人格及能力特质，这些特质与特定职业存在一一对应关系，个人应根据自己的个性特征选择合适的职业种类。在此理论基础上，职业指导往往采取求职者特性评价、职业分析与人职匹配的典型"三步法"进行实施。然而帕森斯教授过于强调职业信息的利用，将个体特性与职业进行硬性匹配，对求职者心理活动研究不够系统。鉴于此，舒伯赋予职业指导新的内涵，将职业指导逐步发展为职业生涯辅导，成为开展职业生涯教育的理论奠基石。

目前在我国大多数中等职业学校开展的职业生涯教育（或称职业生涯规划教育）从本质来讲仍停留在传统职业指导阶段。由于陈腐的育人观念及僵化的办学模式，部分学校还未充分认识到职业生涯教育对学生成长、学校发展乃至社会稳定的重要性。学校往往仅在学生临近毕业、即将跨入社会求职门槛的时候才将职业规划与就业指导列为学生了解与学习的课程内容，多采用理论课讲授或讲座辅导的形式，学生难以将职业规划理论与自身个性能力特长、与个人职业生涯可持续性发展有机联系起来，可想而知，其教育效果远不能满足毕业生及用人单位需求。[14]这种传统的职业指导未能构建起全过程与系统化的职业生涯教育体系，没有科学设计的课

---

[12] 刘宇航. 全程化中职学生职业生涯规划教育体系构建研究[D]. 重庆：重庆理工大学，2015：6.

[13] 金一鸣. 中学开展职业指导的探索[J]. 中国教育学刊，1990（6）：52-53.

[14] 刘宇航. 全程化中职学生职业生涯规划教育体系构建研究[D]. 重庆：重庆理工大学，2015：1.

程及教材体系作为教育内容支撑，且缺乏一支专业化的师资队伍。因此，传统职业指导属于应急式的就业辅导，它不是真正以学生发展为中心、以满足学生及企事业单位需求为导向的职业生涯教育。

全程职业生涯教育正是以"适应经济发展方式转变、现代产业体系建设和人的全面发展要求"的现代职业教育思想为指导，克服传统职业指导的弊端，紧紧围绕学生个体职业生涯成长与社会产业发展需求建立起来的新型职业生涯教育模式。全程职业生涯教育指在学校教育期间，有目的、有计划、有组织地培养学生个体规划自我职业生涯的意识与技能，发展个体综合职业能力，促进个体职业生涯发展的活动，是以落实职业生涯规划为主线的综合性教育活动。[15]全程职业生涯教育与职业指导相比，其主要特点在于全程化、全员化、专业性与实效性，将职业生涯教育对象从应届毕业生转向所有年级和所有学生。在时间跨度上由毕业前夕转向整个学习阶段，建立从入校初期、在校期间、离校就业及毕业后较长时期内具有前瞻性、专业性与持续性的职业生涯教育体系，将学生的学业规划与职业发展两者进行有机融合，帮助学生树立科学的人生信念与正确的职业态度，培养学生娴熟的职业技能，促进其优势智能与个性特长在职业领域的充分发挥，实现"无业者有业，有业者乐业"的职业教育宗旨与目标。

二、中职学生全程职业生涯教育的基本特征

中职学生全程职业生涯教育应根据中职学生年龄特点与个性心理特征，以能力为本位，将培养学生职业生涯认知能力、规划能力与发展能力作为职业生涯教育工作的重点。重庆市女子职业高级中学在长期教育实践中将中职学生全程职业生涯教育的基本特征归纳为："职业生涯教育应贯穿人才培养全过程，使学生的职业生涯认知能力、规划能力、发展能力分

---

[15]引自重庆市女子职业高级中学《全程职业生涯教育，让每位学生学会规划人生》。

阶段、有重点地获得交互式螺旋提升。"[16]

（一）科学化的职业生涯教育观念

教育观念是教育主体在教育过程中形成的对"教育应然"的理性认识与主观要求，包括理解与阐释教育使命、教育目的、教育原则等决定教育成败的重要方面。教育观念对指导教育实践发挥着全局性与引领性功能，科学的教育观念指引教育事业走向成功，反之，错误的教育观念会将教育事业引向"歧途"。

中职学生全程职业生涯教育之所以在教育实践中取得丰硕成果并得到广泛推广，其首要原因在于得到了科学正确的职业生涯教育观念指导。全程职业生涯教育观念的科学性主要体现在三个方面：

第一，体现了终身教育理念。终身教育理念最早是由法国成人教育学家保罗·朗格朗（Paul Lengrand）于1965年正式提出的。终身教育理念的内涵被阐述为"教育的一切方面，包括其中的每一件事情，整体大于部分的总和。终身教育并不是一个教育体系，而是建立一个体系的全面的组织所根据的原则，这个原则又是贯穿在这个体系的每个部分的发展过程之中。"[17]通过贯彻实施终身教育理念，以终身化学习促进个体潜能开发、完善个体职业生涯发展，进而提升人力资源质量已经成为21世纪国际社会的共识。[18]

中职学生全程职业生涯教育充分体现了终身教育理念，即将学生接受中等职业教育视为其终身化学习与职业发展不可分割且连续的重要组成部分。在中等职业学校中接受职业生涯教育并不是其学习过程中孤立的一

---

[16]引自重庆市女子职业高级中学《课程开发、活动引领、双向互动——中职学生全程职业生涯教育改革与实践教学成果报告》。

[17] EDGAR F, FELIPE H, ABDUL-RAZZAK K, et al. Learning to be – The world of education today and tomorrow[M]. Paris: the United Nations Educational, Scientific and Cultural Organization, 1982: 21.

[18]陈禹. 人力资源开发背景下美国高校职业生涯教育研究[D]. 长春: 东北师范大学, 2011: 83-84.

部分，而是上承基础教育、下接职业生涯或继续教育的个体教育历程的一个关键性阶段。全程职业生涯教育结合了学生个体发展诉求、社会产业升级优化与职业岗位变迁的实际需求，根据每位学生的心理特征、就业取向与能力优势，科学系统地帮助学生规划与决策其职业生涯发展道路与人生成长轨迹，使个体顺利完成由学校向社会的过渡，由学生身份向职业人身份顺利转变，将学习与就业、个人成材与社会发展紧密结合起来，为获得"完满人生"打下坚实基础。

第二，凸显了个体能力本位。能力本位是将培养学生综合职业能力作为中职学生开展一切教育教学活动的根本目标与基本定位。以能力为本位的职业生涯教育有助于突破将职业理论课程讲授等同于职业生涯规划与实施能力培养的传统职业生涯教育"沉疴"，从学生职业素质养成与能力提升的实际需求出发开展职业生涯教育。

具体来讲，中职学生全程职业生涯教育将能力培养分为三个维度：职业生涯认知能力、规划能力与发展能力。职业生涯认知能力培养所要解决的主要矛盾是身体机能日趋成熟、而心理素质尚属稚嫩的中职学生在个体自我意识与社会自我意识、现实自我与理想自我之间存在的明显冲突，[19]将树立科学的自我认同与自我发展作为职业生涯教育的核心任务。

职业生涯规划能力是决定学生职业生涯规划能否顺利、有效实施的关键因素。职业生涯规划是否科学可行，规划效果是否能满足个体职业可持续发展需求，都取决于职业生涯规划能力的高低。[20]因此，如何提升学生职业生涯规划能力就成为全程职业生涯教育关注的焦点问题。美国心理学博士格林豪斯（Greenhouse）根据个体职业成长不同阶段的主要任务

---

[19]吕华盛. 基于自我认知能力提升的职业生涯规划研究[J]. 产业与科技论坛, 2016, 15(15): 234-235.

[20]丁朔. 中职学生心理资本、生涯信念和职业生涯规划能力的关系研究[D]. 天津:天津职业技术师范大学, 2015: 2.

及特点将职业生涯发展划分为职业准备阶段、职业准入阶段、职业生涯初期、职业生涯中期与职业生涯晚期五个阶段。[21]全程职业生涯教育不仅通过职业态度、职业情感、职业能力的培养为学生正式步入职业领域做好充分准备，并且将学业规划与择业及职业规划有机结合起来，以便更好地激发学生的学习热情，调动其学习动力，以职业长远发展为导向开展深入系统的专业基础学习。

职业生涯发展能力培养建立在职业生涯认知能力与规划能力基础之上，属于全程职业生涯教育中高阶能力养成目标。1996年，国际教育委员会向联合国教科文组织提交的报告《教育：财富蕴藏其中》中明确提出21世纪教育的四大任务是学会学习（Learning to know）、学会做事（Learning to do）、学会发展（Learning to be）以及学会共同生活（Learning to live together）。[22]其中，学会发展成为四大任务中不可或缺的核心组分。"授人以鱼不如授人以渔"，全程职业生涯教育将教育教学的着力点放在教会学生如何掌握科学的方法与手段、利用现代信息技术学会学习、学会团队合作、学会在瞬息万变的现代职业领域中预测与把握职业动向上，充分做好职业准备。

第三，结合了创新创业教育思想。创业教育（Entrepreneurship Education）的目标是将学生培养成为职业岗位的创造者而非普通职业劳动从业者，其本质强调个人潜能的充分挖掘，提高个体创业的综合素质和创业能力。[23]我国政府高度重视创新创业教育活动的开展，鼓励以创业带动就业，培养学生的创新精神和实践能力。"双创"教育目前不仅在高等院校蓬勃开展，在职业学校也得到大力推广实施。将创新创业教育思想渗

[21]宋争辉.大学生职业生涯规划影响因素研究——以教学型本科院校为对象[M].北京:人民出版社,2012:30-31.

[22]国际教育委员会.教育:财富蕴藏其中——国际21世纪教育委员会报告[M].联合国教科文组织总部中文科,译.北京:教育科学出版社,1996:223.

[23]陈禹.人力资源开发背景下美国高校职业生涯教育研究[D].长春:东北师范大学,2011:147.

透与贯彻到中职学生全程职业生涯教育中，有助于丰富职业生涯教育的内涵、增强职业生涯教育的时代性与实效性，进一步开发学生的优势智能，完善职业生涯教育体系。

（二）全程化的职业生涯教育周期

根据美国学者格林豪斯提出的职业成长五阶段理论，"全程职业生涯教育"是将职业生涯教育置于职业生涯成长与发展全过程的职业生命周期中进行全面和动态的考量，从而科学设计与开展职业生涯教育活动。职业生命周期是指从职业准备到职业成熟直至职业中晚期的整个过程。从职业生命周期的全程化视角构建职业生涯教育体系，有助于将学生在校学习与职业准备紧密联系，使学生的学习目标更加明确；有助于树立学生终身化学习理念，将职业准备、职业准入与职业可持续发展三者有机结合并进行整体性规划设计；有助于学生了解与掌握工作世界的要求与规划，学会在日趋国际化的工作情境中合作解决实际工作难题。

职业生涯教育周期的"全程化"旨在为中职学生职业生涯可持续发展和幸福完满人生目标的实现服务，在中等职业学校构建全程职业生涯教育体系。总体来讲，中等职业学校将职业生涯教育大致分为三个时段：首先在入校之初即为学生设立职业成长档案与"成长护照"，对学生职业兴趣进行标准化测试，帮助学生对学业进行科学规划、搭建学习与就业两者间"跨界"的桥梁；其次，在校期间通过师生间互动开展系统的职业生涯课程与实践活动，构建专业性的在校生职业生涯规划指导体系，培养学生的职业规划能力与就业能力；最后，建立毕业生职业生涯发展跟踪服务体系，为学生提供持续学习进修的机会与渠道。全程职业生涯教育超越了传统职业指导范畴，它成为一种教育制度与教育文化，对中职学生职业生涯发展具有重要意义。[24]

---

[24]谢凌玲,谢东.战略人力资源管理研究的新进展[J].当代经济管理,2005(6)：134-136.

重庆市女子职业高级中学遵循全程化职业生涯教育周期规划倡导的基于"中职学生职业生涯持续发展能力地图"（图4-1）的全程职业生涯教育模式使学生就业创业能力有针对性地、持续性地得到大幅度提升。[25]

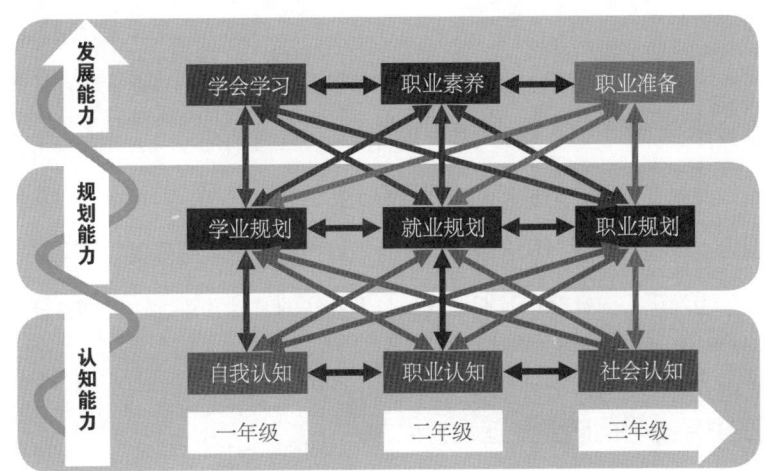

图4-1　中职学生职业生涯持续发展能力地图

如图4-1所示，"中职学生职业生涯持续发展能力地图"（以下简称"能力地图"）将职业生涯教育作为学生职业准备阶段的核心内容进行整体性规划设计。"能力地图"依据学生职业生涯能力目标与就读年限将职业生涯教育任务分为两个维度。纵向维度代表职业生涯能力发展总目标，横向维度代表学生在校期间就读年级。从纵向维度看，中职学生职业生涯能力发展目标并不仅指向单一目标，而是三个层次目标的融合。这三个层次目标分别为职业认知能力目标、职业规划能力目标与职业发展能力目标。这三方面能力正是社会个体通过充分的职业准备步入职业准入门槛乃至向职业成熟与中晚期顺利过渡的关键能力，这三方面能力随着中职学生接受职业生涯教育的深入呈现螺旋式提高与升华的趋势。在由职业生

---

[25]引自重庆市女子职业高级中学《课程开发、活动引领、双向互动——中职学生全程职业生涯教育改革与实践教学成果报告》。

涯能力发展目标的纵向维度及学生就读年级横向维度构成的"能力地图"里，全程职业生涯教育任务被科学地划分为九大模块。对应中等职业教育一年级阶段能力培养目标，职业生涯教育任务由浅入深分别为自我认知、学业规划与学会学习；对应二年级阶段能力培养目标，教育任务分别为职业认知、就业规划与职业素养；对应三年级阶段能力培养目标，教育任务分别为社会认知、职业规划与职业准备。值得注意的是，以上九大模块的职业生涯教育任务并不是相互之间呈割裂状地分散存在，而是以能力发展为逻辑主线相互串联与糅合起来，并且随着中等职业教育阶段的结束继续发展，为学生步入社会以及职业成长打下扎实的基础并持续性提供养分与支持。

（三）系统化的职业生涯教育内容

系统化地开发与实施职业生涯教育内容是中职学生全程职业生涯教育的基本特征之一，也是落实全程职业生涯教育目标、保证教育效果的重要方略。

全程职业生涯教育与传统职业指导在实施方案中最显著的区别在于其教育内容的整体性规划设计。换言之，全程职业生涯教育能有效克服传统职业指导的教育内容"零散""应急"与"短时效应"的缺陷。"零散"是指职业指导内容前后缺乏内在逻辑联系，未形成以助推学生职业可持续发展为目标的课程体系。"应急"是指职业指导过度功利化，仅在学生毕业之际方启动职业辅导，对培养学生健康的职业心理与扎实的职业能力来说为时已晚。"短时效应"是指课程内容僵化、课程安排短促、课程实施效果不具有长期影响力。而造成职业指导效果不佳的主要原因是缺乏科学的课程观指导。

课程观是关于课程开发与实施最基本的认识和看法，课程观的正确与否直接关系具体课程内容的规划。正如职业教育课程与普通中学课程的指导思想不同，职业教育课程开发以工作过程为导向而普通中学课程开发以学科逻辑为主线。在中等职业学校中开展的职业生涯教育课程设计也应在课程观方面明显区别于普通中学开展的职业指导课程。

中职学生职业生涯教育课程观首先应将指导学生就业与创业放在课程开发的首要位置，即职业生涯课程不仅是中等职业学校开设的通识课程中的一门普通课程类型，而是对所有中职课程开展具有提纲挈领作用的"灵魂课程"，只有对学生开展科学人生观、社会观与就业观教育，才能使学生真正理解专业学习的必要性，领悟职业教育与人生发展的密切关系。其次，应将职业生涯教育课程按照职业生命周期的变化规律进行系统规划设计，与全程化的职业生涯教育周期形成一一对应关系。重庆市女子职业高级中学将职业生涯教育周期按照学生在校三年不同时期分解为职业认知能力、规划能力与发展能力培养三大周期，依据三大周期的各项具体任务设计课程内容，并将理论课程与活动课程两者进行有机融合，充分培养学生就业创业的综合素质与能力。再次，职业生涯教育课程分为显性课程与隐性课程两种形式。显性课程是指国家对中职学生品德教育和职业生涯教育要求，以及职业能力培养目标所开设的国家规定课程与校本课程，这些课程以理论讲授与案例分析为主，旨在构建学生对社会职业及自我发展的基本认识；而隐性课程从教育时间与教育效果方面对中职学生职业生涯发展影响更为突出。全程职业生涯教育的隐性课程极具特点，课程设置既包括开展读书会活动、职业访谈、团体辅导及个别咨询等常规内容，更重要的是组建专业职业生涯指导教师团队与学生进行长期线上线下互动交流。此外，隐性课程还指将职业态度、职业情怀、职业道德的培养与学生专业课程教学和校园文件建设密切结合，将职业生涯教育寓于专业教学和学校生活之中。

（四）专业化的职业生涯教育师资队伍

专业的职业生涯教育必须依赖一支专业化的师资队伍，教师专业化水平极大地影响和决定了职业生涯教育质量及教育效果。职业教育是以培育高素质技术技能人才为目标的教育类型。作为职业教育培养成果的高素质人才是指人性良善、心理健全、身体健康、拥有社会责任感与环保意识，具备满足专业领域发展需求的专业素质与技能，具有多文化背景下的沟通交流及团队合作能力的能够胜任专业领域及跨专业领域工作任务的优质人力资源。

我国学者认为，从事职业教育的教师不仅应具备普通教育教师专业发展特点，而且还应体现为职业教育人才培养目标及职业属性相匹配的职业心理特征及职业技能。[26]具体来说，职业教育教师不仅应为"经师"，还能胜任"匠师"与"技师"角色，更不能忘记自己身为"人师"的责任，如此方能称为合格的职业教育教师。职业教育发展要求教师在专业发展过程将工具理性与价值理性两者有机地统一起来。职业教育发展不仅要求教师具备"技师"能力，即采取先进教学技术训练学生专业技术与技能，还要扮演好"人师"的角色，从职业人格养成的角度引导和帮助学生对人生本质意义进行思考与判断，培养良好的道德与品质，从而体现教师职业的人文价值与社会意义。

教师专业化是从教师个体从事职业活动的角度对教师专业能力提出基本要求。从事职业生涯教育工作的教师尤其要求教师个体应以实现自身职业生涯的可持续发展为专业化目标。这个目标首先需要教师拥有强健的体魄与体能，具备职业抗压能力与自我心理疏导能力，这些素质是教师胜任教育任务的前提性保障条件，需要教师在专业发展过程中得到锻炼与强化；其次要求教师具有与工作单位领导、同事、学生与家长良好的沟通交流能力，具备教育教学领域的团队协作能力，建立和谐的社会人际关系；再次要求教师妥善处理工作与家庭的关系，具有家庭责任感及社区服务意

---

[26]徐健.职业教育"双师型"教师：认识与实践[J].教育发展研究，2006（12）：27-29.

识，拥有创造幸福生活的能力。[27]

职业生涯教育师资队伍有别于职业教育专业教师队伍最大的特点在于其组成成员的多元化与教育工作开展的协同化。如图4-2所示，职业生涯教育师资队伍由职业学校教师及管理者、企业人力资源总监及高级技师、事业单位人事部门负责人、政府部门以及社会其他机构相关人员组成。从人员构成的多元化角度看，体现了国家及社会各界人士对职业教育事业发展的关心及对从事基层技术及服务工作青年就业创业的大力支持；从开展教育活动的协同性角度体现了职业生涯教育本身具有"跨界"的特点，需要教育领域、经济领域、政治领域及社会其他行业领域相关人员通力合作，形成专业化的职业生涯师资队伍。

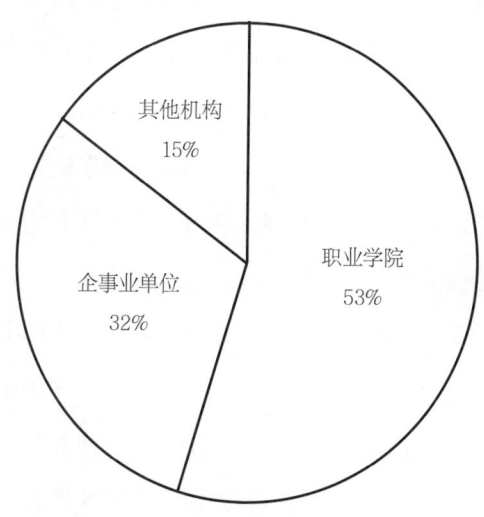

图4-2　中职职业生涯教育师资队伍人员构成比例[28]

三、中职学生全程职业生涯教育的实施原则

教育实施原则是指将教育理念在具体教育教学活动中加以贯彻实施所

[27]申文缙. 教师专业发展视域下德国职教师资培训体系研究[D]. 天津：天津大学, 2017: 116–117.
[28]根据课题组对重庆等地开展中职学生全程职业生涯教育情况调查相关数据绘制.

必须遵循的基本要求与规范准则。中职学生全程职业生涯教育的实施原则
包括全程性、全员性、协同性与实效性四大原则。

（一）全程性原则

中职学生全程职业生涯教育是在中等职业学校中实施以培养中职学生
就业创业能力及职业生涯发展规划能力为目标的常态化教育活动。全程性
原则涉及四个方面要求：

首先，以全程性教育观念为指导，全程职业生涯教育应着眼于中职学
生职业成长目标，以对学生"未来"职业发展负责的长远眼光科学认识与
开展"当下"的在校生职业生涯教育。

其次，应保证全程性教育时间，全程性原则意味着职业生涯教育应
覆盖中职学生校内及校外学习与生活的全过程。职业生涯教育并未只针对
毕业生择业就业进行意向性指导与定向推荐，而是涵盖了生命教育、感恩
教育、自我及社会认知教育、职业及人生发展规划教育等众多教育内容在
内的综合性基础性教育活动。鉴于此，职业生涯教育不宜局限于课堂内的
时间，而应渗透到学生日常生活的全过程。当学生经历学业困难与职业规
划迷茫，甚至毕业后遭遇职场难题与困惑时，均可选择面对面或借助现代
信息技术向生涯导师团队及时咨询和求助。全程性教育时间一方面有助于
职业生涯教育内容与中职学生人生发展深度结合，使学生在生涯导师的引
导下潜移默化、脚踏实地地做好职业规划，促进其人生观与职业观的成熟
发展；另一方面能够确保生涯导师及时掌握学生心理变化过程，"对症下
药"解决学生面临的各种实际问题，提高职业生涯教育质量。

再次，需要构建全程性教育模式，即以学生为中心，以能力培养为本
位，将职业生涯教育置于学生个体职业成长的整个动态化发展过程中进行
科学设计实施。全程性教育模式不是一种教育形式，而是人本主义教育本
质属性的具体体现；它不是科学教育词汇的堆砌与机械的教育模型，而是

扎根于长期教育实践、从经验中获得的理论升华。因此，全程性教育模式兼具科学性、理论性与普适性特点。

最后，要求采取全程性实施策略。全程职业生涯教育理念在具体实施过程中须运用全程性实施策略，包括开发全程性课程、开展全程性教学和实施全程性质量管理等方面。全程性课程是将职业生涯教育课程学习作为学生职业准备阶段的重要内容，为其顺利步入职场、迈向成功人生提供"助跑道"。科学化的课程开发是实现教育目标的重要手段，全程性课程开发过程包括加强对职业生涯教育理论研究、探索理论与实践一体化的课程模式、健全弹性化课程管理制度以及完善课程实施保障设施等关键环节。[29]开展全程性教学是在职业生涯教育教学过程中具体贯彻落实全程性课程理念。开展全程性教学要求加强专职教师及校外生涯导师队伍建设，采取师生共同参与的教学策略使教学形式更加互动多样；采取情境教学策略在模拟或真实职场环境中培养学生认真负责的职业态度与诚实守信的职业操守，提高其专业技术与跨岗位职业通用技能水平；采取合作学习策略增强学生在多元文化与人工智能环境下的团队合作及人际交往能力。[30]全程性质量管理是指以全面质量管理思想为指导，对职业生涯教育全过程实施过程性质量监控与评价，将学生职业生涯认知、规划与发展能力增长作为衡量职业生涯教育效果的唯一标准。

（二）全员性原则

20世纪90年代，质量管理大师戴明（W. Edwards Deming）与朱兰建立了以"全面质量管理"（Total Quality Management，TQM）为核心的理论体系。全面质量管理的内涵被界定为一个组织以质量为中心，以全员参与为基础，目的在于通过让顾客满意和本组织所有成员及社会受益而达到长

---

[29]孔夏萌. 高校职业生涯教育课程研究[D]. 重庆：西南大学，2013：102–105.

[30]孔夏萌. 高校职业生涯教育课程研究[D]. 重庆：西南大学，2013：108–117.

期成功的管理途径[31]。因此，全员性原则成为保障全程职业生涯教育质量的基本要求。

全面质量管理强调质量是组织生存和发展的根本保障；强烈地关注顾客和利益相关者，包括组织内外部的每一个与组织产品和服务打交道的人；组织内部与组织间应相互协调、团队协作；坚持对质量的持续改进；实施标准化质量管理，依靠标准化的操作规程保证质量的稳定和不断提升。[32]在中职学生全程职业生涯教育活动中，从狭义上讲，开展该活动的中等职业学校是全面质量管理思想及策略所服务的组织；从广义上讲，所有与职业生涯教育相关的组织机构及人员共同构成了一个没有明确边界的教育组织。因此，在这个具有广泛意义的庞大的教育组织中，每一位教育成员，包括职业学校专职教师、管理者、教辅人员、政府及企事业单位志愿加入生涯导师团队人士以及其他社会机构相关人员等都可以称之为职业生涯教育组织成员，是构成组织的主体。而这个组织的"顾客"既为接受职业生涯教育的中职学生，也是这些学生将来服务的社会组织，是组织服务的客体。组织内部所有的主体与客体均为职业生涯教育的利益相关者。全员参与意味着组织内部成员应增强责任意识与团队合作精神，通过加强人与人、机构与机构间相互协调与合作，共同致力于教育质量的提高，为学生未来发展负责，为国家和社会创造更大的"人才红利"。

（三）协同性原则

全程职业生涯教育模式的运行主体相互联系、相互影响与制约，以自组织的方式形成新的整体性结构与功能，造就系统性质飞跃变化的运作

---

[31]詹姆斯·R.埃文斯，威廉·M.林赛. 质量管理与质量控制[M]. 焦叔斌，译. 北京：中国人民大学出版社，2011：14-15.

[32]曹方. 基于全面质量管理原理的成人培训模式及效果评估方法的研究[D]. 长沙：国防科学技术大学，2006：8-9.

方式与工作原理，称之为协同运行机制。[33]换言之，协同性原则指为确保教育效果，职业生涯教育模式在运行过程中应依据协同思想、遵从协同法则。

协同思想的理论根基为20世纪70年代由德国著名物理学家哈肯（H.Hake）教授创立的协同学，主要研究远离平衡态的开放系统在与外界有物质或能量交换的情况下，通过系统内部协同作用自发地在时间、空间和功能上出现有序结构的一门理论体系。[34]哈肯在其著作《协同学：一门协作的科学》中提出，自然界及人类社会存在着结构各式各样的系统，系统又嵌套无数子系统。在外来能量的刺激下，系统内部与系统间要素发生着协同作用，推动系统由无序向有序状态相互转化。这种系统要素协调的、同步的、一致的联合行动与集体作用产生的整体效能称为协同效应。[35]

中职学生全程职业生涯教育组织体系包含众多社会子系统以及代表这些社会系统的组织机构，如代表教育系统的中等职业学校、代表经济系统的行业企业、代表政治系统的政府教育主管部门。这些组织机构围绕中职学生职业能力发展目标，在机构间相互联系与密切合作过程中彰显协同教育的动态发展特征，形成了不同层级间教育组织机构的纵向合作、教育系统组织机构之间以及教育机构与企事业单位的横向协同机制，推动全程职业生涯教育系统由无序运转状态向有序高效能状态转化与跃升，产生出系统功能整体优化的协同效应。

（四）实效性原则

实效的意思是某种思想或行动具有实际效果及效能。实效性原则体现

[33]申文缙,周志刚.协同视域下德国职业教育教师培训体系研究[J].外国教育研究,2017,(4)：115-128.

[34]潘开灵,白烈湖.管理协同理论及其应用[M].北京:经济管理出版社,2006:27.

[35]刘菊,戴军,解月光.自组织理论及其教育研究应用前景探析[J].远程教育杂志,2012(1)：37-45.

了全程职业生涯教育务实的特点，相比较之下，传统职业指导或择业辅导教育则存在务虚的缺陷。这种务虚缺陷一方面表现为职业指导形式僵化，比如将开设短期就业指导课程或辅导讲座等同于职业生涯教育，表面上场面宏大、形式热闹，实际收效甚微，学生在职业规划与就业准备方面仍然一头雾水；另一方面许多中等职业学校将职业生涯课程作为国家下达的品德教育任务加以机械执行，而没有真正从学生成长的角度出发、从社会岗位需求出发科学规划与实施职业生涯教育活动。鉴于此，确保教育的实效性是全程职业生涯教育克服传统职业指导弊端、保障教育质量的必要原则与措施。

根据实效性原则，全程职业生涯教育需要在入学之初针对中职学生生理及心理状态、学生职业倾向与职业兴趣进行科学测试，在掌握第一手数据资料的基础上从学生实际情况出发制订个性化的职业生涯教育方案，包括指导学生选修相关课程、遴选生涯导师、全程跟踪调查学生职业发展状态。此外，在职业生涯教育实施过程中需要对教育实际效果进行科学评价与测量，以便及时修正与完善教育方案，提高职业生涯教育的效果。

第二节　中职学生全程职业生涯教育模式的构成要素

根据系统论观点，系统是系统要素相互关联的特有方式的总和或系统要素整合为统一整体的模式。[36]中职学生全程职业生涯教育模式是从实际经验中抽取一般规律的模型系统，该系统由决定系统功能的目标要素、主体要素、内容要素与方法要素构成，这些要素在系统中形成有序结构，并以实现中职学生职业能力发展为功能目标。

---

[36]许国志,顾基发,车宏安.系统科学[M].上海:上海科技教育出版社,2000:18.

一、目标要素

"目标"的概念内涵指个人或组织活动"想要达到的境地或标准"。[37]
在教育活动中，教育目标即是教育活动将要达成的终极目的，也是检验教育成效是否满足目标设计者及教育活动利益相关者需求的唯一标准。因此，科学的教育目标就成了构建教育模式的核心要素，它对教育模式的设计及运行具有全局性的战略意义。

（一）目标的制订依据

中职学生全程职业生涯教育目标是在综合考虑当前我国政治、经济与文化教育发展状况等外部客观环境因素以及受教育主体对职业发展的主观需求基础上所作出的关于职业生涯教育使命和任务的具体化与逻辑化表达。

决定全程职业生涯教育目标制订的宏观环境主要涉及我国政治、经济及文化教育三个方面。从政治环境看，我国政府高度重视实体经济与制造业发展，将培养大批高素质技术技能型人力资源上升为国家长远发展的战略高度。党的十九大报告明确要求"加快建设制造强国，加快发展先进制造业，推动互联网、大数据、人工智能和实体经济深度融合"，"支持传统产业优化升级，加快发展现代服务业，瞄准国际标准提高水平"。[38]
要实现新时代我国建设现代化经济体系的目标，就需要高质量的技术技能型人力资源作为基础性支撑。因此十九大报告中强调须"建设知识型、技能型、创新型劳动者大军，弘扬劳模精神和工匠精神，营造劳动光荣的社会风尚和精益求精的敬业风气"。[39]再从经济环境角度看，进入新世纪以来，以信息技术广泛应用与人工智能为特征的新一轮科技革命和产业革

---

[37]中国社会科学院语言研究所词典编辑室. 现代汉语词典[M]. 6版. 北京: 商务印书馆, 2015: 923.

[38]习近平: 决胜全面建成小康社会 夺取新时代中国特色社会主义伟大胜利——在中国共产党第十九次全国代表大会上的报告[R/OL]. (2017-10-27) [2018-02-14].

[39]习近平: 决胜全面建成小康社会 夺取新时代中国特色社会主义伟大胜利——在中国共产党第十九次全国代表大会上的报告[R/OL]. (2017-10-27) [2018-02-14].

命已成为我国乃至全世界的主流经济发展命题。建设制造业强国成为我国应对新一轮工业革命、实现中华民族伟大复兴中国梦的战略举措。2015年5月8日，国务院公布《中国制造2025》，指出人才是建设制造强国的第一资源，打造具有竞争力的现代制造业必须走人才引领的发展道路。按照"中国制造2025"精神，我国经济发展对技术技能型人才提出了全新要求。在当前智能化制造时代，大批量个性化产品生产成为现代制造业模式。技术型劳动者不再仅仅作为流水生产线上的"机器人"与"螺丝钉"，而需要具备自主设计与创新能力，拥有熟练的人机交互技能，能够有效提升产品核心竞争力。[40]从文化教育环境看，优先发展教育事业成为新时代我国政府坚定奉行的基本方针，建设教育强国成为中华民族伟大复兴的基础工程。针对职业教育事业发展问题，党和国家提出必须"完善职业教育和培训体系，深化产教融合、校企合作"。[41]《国务院关于加快发展现代职业教育的决定》（国发〔2014〕19号）明确指出，职业教育应坚持"以立德树人为根本，以服务发展为宗旨，以促进就业为导向"，"重点提高青年就业能力"。[42]加快发展现代职业教育是我国重大战略部署，提高职业院校学生就业创业能力、促进学生职业生涯的可持续发展必须成为所有职业院校办学的根本出发点。

（二）目标的层级及内容

中职学生全程职业生涯教育目标内容直接指向职业生涯教育活动利益相关者需求，以满足其利益诉求程度作为检验该教育活动预期成效的标准。利益相关者理论的创始人弗里曼（Freeman）认为，利益相关者是指"任何能够影响组织目标的实现或者受组织目标的实现影响的团体或

---

[40] 韩彦芳，欧阳志红."中国制造2025"背景下职业教育人才培养的思考[J]. 职业，2016（6）：22-23.

[41] 习近平：决胜全面建成小康社会 夺取新时代中国特色社会主义伟大胜利——在中国共产党第十九次全国代表大会上的报告[R/OL]. （2014-05-02）[2018-02-01].

[42] 国务院关于加快发展现代职业教育的决定[R/OL]. （2017-10-27）[2018-02-14].

个体"。[43]根据利益相关者概念界定，我们可以将全程职业生涯教育的利益相关者阐释为"能够从全程职业生涯教育活动中受益，或对教育目标的实现能够产生一定影响的组织机构、团体及个人"。对全程职业生涯教育利益相关者范围进行明确界定有助于我们深入理解中职学生全程职业生涯教育的目标内容与层次。

中职学生全程职业生涯教育的利益相关者按照利益关联的紧密程度大致可分为四个群体。利益关系最紧密的为中职学生，其次为中等职业学校机构及成员，再次为行业企业，最后是整个社会组织。

依据利益相关者的层级划分标准，我们可将中职学生全程职业生涯教育目标分成四个层级。

如图4-3所示：第一层为核心目标层，表示全程职业生涯教育模式及其运行体系直接指向的预期成果，即引导中职学生树立远大的职业理想与科学的人生观、职业观、择业观、创业观与成才观，培养学生职业生涯认知能力、规划能力与发展能力，为实现职业目标奠定基础。[44]第二层可称为间接目标层，意思是指该目标层级指向的利益对象为开展教育活动间接受益的组织与团队。中职学生全程职业生涯教育的间接目标组织为开展该教育活动的中等职业学校。通过实施全程职业生涯教育，中等职业学校探索出一套行之有效的科学教育模式与操作系统，打造了一支专业化的职业生涯教育教师团队，增强了中等职业学校基础能力建设与内涵发展，大幅度提升中等职业学校人才培养质量与办学成效，为学校发展赢得了良好的社会口碑与声誉。第三层为延伸目标层，其受益组织主要为深度参与校企合作的企业机构。企业既是全程职业生涯教育场所及师资的重要提供者，也是教育成果的主要获益者。优质技术技能型人力资本要素是推动企业产品制造与基础性服务发展的核心力量。只有具备良好职业道德、

---

[43]弗里曼.战略管理:利益相关者方法[M].王彦华,梁豪,译.上海:上海译文出版社,2006:63.
[44]全程生涯教育:让每位学生学会规划人生[EB/OL].（2013-08-06）[2018-01-31].

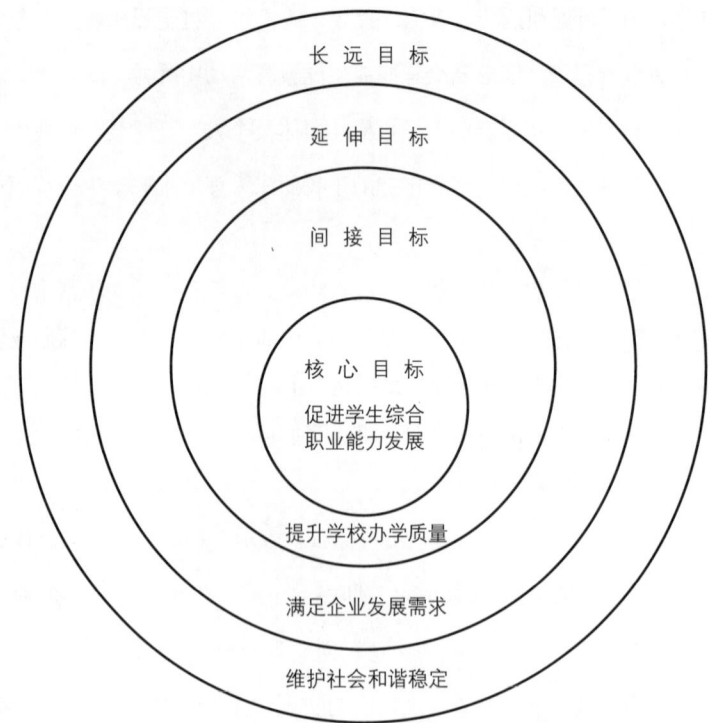

图4-3　中职学生全程职业生涯教育模式的目标层级

拥有扎实的职业综合能力的中等职业学校毕业生才能真正为行业企业创造丰厚的人力资源价值，提高企业市场竞争力与软实力。最外层为长远目标层，指向全程职业生涯教育在更广泛、更长期的社会范围内所产生的教育效力与长期影响力。教育的本质是促进人的和谐发展，提升人的生命质量。[45]开展职业生涯教育，帮助有就业与创业需求的青年做好职业生涯规划，增强职业发展能力，有助于其适应经济社会发展进步，满足人们对过上美好生活与幸福人生的向往；有助于提高社会就业率，促进社会稳定协调发展；有助于实现我国由"人口红利"向"人才红利"转型，为国家繁荣富强提供强大的人力资源支撑。

---

[45]王功义. 中等职业学校生涯教育探究[D]. 福州: 福建师范大学, 2009: 3.

二、主体要素

分析教育模式的架构需要厘清教育活动的提供对象与服务对象，这些对象性要素的集合被认为是教育系统中通过相互协作以实现共同目标的群体[46]。教育活动的提供对象称之为教育供给侧主体，而教育活动的服务对象则称之为该教育的需求侧主体。

（一）教育供给侧主体

中职学生全程职业生涯教育的供给侧主体分为直接供给主体与间接供给主体。直接供给主体指为中职学生全程职业生涯教育直接性提供教育教学场所、师资力量，对教育教学活动进行规划设计，具体开展教育教学活动以及对教育质量实施评价的组织机构及成员。间接供给主体指为中职学生全程职业生涯教育提供政策及财政支持以及提供咨询服务的政府及社会机构。

中职学生全程职业生涯教育的直接供给主体包括中等职业学校以及参与校企合作的行业企业。中等职业学校是实施中等职业教育的专门性教育机构，基本学制为三年，办学定位是在义务教育的基础上培养大量技能型人才与高素质劳动者。目前我国中等职业学校共分四种类型，包括中等专业学校（简称"中专"）、中级技工学校（简称"中技"）、职业高级中学或高级职业中学（简称"职业高中"和"职高"）以及成人中等职业学校（简称"成人中专"）。[47]

凡达到教育部《中等职业学校设置标准》的以上四类公立及私立办学机构均属于中等职业学校。中等职业学校的招生对象是初中毕业生和具有与初中同等学力的人员，其人才培养目标是"培养与社会主义现代化建设要求相适应、德智体美等全面发展，具有综合职业能力，在生产、服务、

---

[46]哈罗德·科兹纳. 项目管理：计划、进度和控制的系统方法[M]. 10版. 杨爱华，王丽珍，石一辰，等，译. 北京：电子工业出版社，2012：79.

[47]360百科：中等职业学校[EB/OL]. [2018-02-16].

技术和管理第一线工作的高素质劳动者和中、初级专门人才"。[48]因此，在中等职业学校中开展以提高中职学生就业与创业能力的职业生涯教育具有必要性与重要性。换言之，中等职业学校有责任和有义务做好中职学生职业生涯教育工作。

企业一般是指以营利为目的，从事生产、运输、贸易、服务等经济活动，在经济上独立核算的具有法人资格的社会经济组织。[49]企业是社会经济系统的构成主体，运用土地、劳动力、资本和技术等生产要素向市场提供商品或服务。企业虽然是一个独立的利益主体，但也肩负社会责任。这种责任包括劳动力再生产、提升员工素质、支持教育公共事业这样的社会任务。[50]同时，企业也能从职业教育人才培养中获得优质人力资源，这些人力资本才是企业生产要素中对技术革新和产品服务升级产生重要推动力量的核心要素。在中职学生全程职业生涯教育中，企业能够为教育活动的有效开展提供学校方所不具备的企业生产岗位与学生就业的真实工作场景，提供实习所需设施设备，更重要的是企业中具备资深行业经验和优秀职业素质的高级技术人员与管理者能够为中职学生职业生涯发展提供有效指导。

中职学生全程职业生涯教育的间接供给主体涉及政府、行业协会、教育科研院所、教育评估机构及其他社会组织。根据利益相关者理论，政府是职业教育事业发展长远效益的最大受益者。大力发展职业教育对于提高人口素质、促进就业、维护社会稳定、实现社会公平具有重要战略意义。政府高度重视职业教育，从政策、财政等方面支持职业学校开展形式多样并行之有效的人才培养活动，对职业生涯教育的成败发挥着极其关键的支

---

[48] 关于全面推进素质教育、深化中等职业教育教学改革的意见[EB/OL]. (2014-10-11)[2018-02-11].

[49] 中国社会科学院语言研究所词典编辑室. 现代汉语词典[M]. 6版. 北京: 商务印书馆, 2015: 1022.

[50] 陈胜. 校企合作利益主体的责权与角色定位研究[J]. 教育与职业, 2013(30): 18-20.

撑作用。

行业协会是为促进共同利益而自愿组织起来的同行或商人团体,[51]或由独立经营单位组成、保护和增进全体成员既定利益的非营利性组织。[52]行业协会参与职业教育标志着我国职业教育由传统办学模式向现代化办学转型,这种现代化办学从某种程度上表现为社会非法人组织及非营利性组织成为职业教育供给主体。现代职业教育与工业社会发展进程密切相关,社会产业结构不断优化升级,生产个性化与定制化成为当前产业发展的主流特征。基于政府主导的计划型教育模式已无法满足当前劳动力市场对技术技能型人才数量及规格的需求,[53]因此,行业协会深度参与职业教育及人才培养工作成为职业教育事业发展的必然趋势。

教育科研院所及教育评估机构是指由国家设立的、接受国家财政支持但独立于政治系统、不受行政干预的具有机构组织与管理自主权的第三方专业机构。这些机构在职业教育活动中履行第三方咨询与评估职能,通过委派职业教育专家向职业生涯教育活动提供理论指导,统筹教育界开展职业生涯教育相关课题研究工作,参与教育效果评价与反馈,持续性改进人才培养质量。[54]

(二)教育需求侧主体

顾名思义,教育模式的需求侧主体是指对某种教育模式具有特定需求愿望的群体。在全程职业生涯教育模式中,其需求侧主体包括所有在中等职业学校接受职业教育的在校学生及毕业生。根据美国心理学家马斯洛的需要层次理论,人类需求像阶梯状从低到高按层次分为五种类型,分别为生理需求、安全需求、社会交往需求、尊重需求和自我实现的需求。生理

---

[51]翟鸿祥. 行业协会发展理论与实践[M]. 北京:经济科学出版社,2003:3.

[52]斯坦利·海曼. 协会管理[M]. 魏晓欧,徐京生,于晓丹,译. 北京:中国经济出版社,1985:125.

[53]贾旻. 行业协会参与现代职业教育治理的合理性探析[J]. 中国高教研究,2016(2):106-110.

[54]申文缙. 教师专业发展视域下德国职教师资培训体系研究[D]. 天津:天津大学,2017:84-86.

需求主要表现为衣着、饮食、住行、饥渴、性等生理机能的需要；安全是人们在满足个体免于身体和心理危害的所有需求；社会交往需求体现为个体与他人交往过程中的满足感与归属感；尊重及自我实现的需要是在满足人类低层级需求后对受到社会及他人尊重、实现自我生存价值与社会价值的诉求。[55] 要满足人们在生理及心理上的各层次需求，获得一项与自身能力水平相符的稳定的社会职业至关重要。中职学生群体是经过职业教育和培训阶段直接进入劳动力市场的青年群体，他们在接受科学有效的职业生涯教育方面需求程度强烈。因此，为中职学生提供职业生涯发展辅导与指导对促进青年就业与成才具有重要意义。

三、内容要素

科学成熟的系统化教育模式是在一定教育目标驱动下由若干具有独特功能且不需要再细分的系统要素（或系统组分）以特定的、足以与别的系统相区别的方式彼此联系而构成的兼具整体性与多样性特征的复杂系统。[56] 如将中职学生全程职业生涯教育目标比喻成教育模式构建的灵魂，那么教育模式内容要素则可称为模式的"骨架"与"肌体"。缺乏内容要素，教育模式便成为虚幻的构想和理想愿景而无法在教育现实活动中得到落实与推广。

内容要素中最核心的组分是教育任务，教育任务是指教育活动中教育主体所必须承担的工作和责任。中职学生全程职业生涯教育的任务由教育供给主体（学校与企业等）与教育需求主体（中职学生）通过以学生为中心的互动方式完成。

---

[55] 郭学毅. 基于马斯洛需要层次理论下的高校人力资源管理[J]. 人力资源管理, 2014（5）：211-213.
[56] 许国志, 顾基发, 车宏安. 系统科学[M]. 上海：上海科技教育出版社, 2000: 17.

（一）能力发展任务内容

能力是指人通过先天遗传以及在遗传基础上经历学习和实践锻炼形成的主观能动力量，由认知能力、实践能力与创新能力等诸多层面的能力要素构成。人们通过不断学习、应用与创新知识开发自身潜能，使能力层次更加丰富、能力表现更加全面。[57]中职学生全程职业生涯教育模式的能力发展任务特指职业综合能力。职业综合能力是个体内在拥有的、能够胜任工作岗位的基本能力，主要包含职业认知能力、职业规划能力与职业发展能力。

中职学生职业认知能力分为自我认知、职业认知与社会认知三个维度。自我认知也称自我意识，是个体对自身生理与心理两方面的洞察与理解。生理认知是人们对自己作为生物机体的机能与特征认识的过程。心理认知是从心理角度考量对自己人格、爱好及价值观的自我了解与认同。职业认知在职业成长过程中发挥着非常重要的功能。职业认知不仅包括对职业性质和特点、岗位价值与薪酬福利、职业现状与发展前景的认识，还包括对特定职业所需知识与技能的认知。[58]社会认知是产生个体社会行为的前提，是在掌握自身特点与职业特征的基础上对社会关系、社会责任、社会规则及其原因的深度理解。

中职学生职业规划能力是个体顺利开展职业生涯规划必须具备的心理特征。它是指中职学生要在充分认识职业生涯发展的主客观条件基础上，结合自身所处的职业生涯准备阶段特征，确定与自身职业兴趣与专业特长相匹配的职业生涯发展目标，统筹规划职业发展时间段，制订每阶段的学习计划与行动方案。[59]

[57]郝文武. 教学方式对能力发展作用的价值取向和实践整合[J]. 北京师范大学学报：社会科学版, 2007(3)：15-21.

[58]魏登, 王英臣. 应用型本科人才职业认知能力培养探究[J]. 人才资源开发, 2017(11)：110-111.

[59]李明燕. 成教大学生自我职业规划能力培养研究——以川师大文学院成教汉语言文学专业为例[D]. 成都：四川师范大学, 2011：11.

按照德国职业教育专家劳耐尔（F. Rauner）的观点，职业发展能力是一位技术从业者从新手到专家的成长历程，应划分为新手、熟练工、能手、准专家与专家五个具体阶段。这是从业者必经的专业发展路径，且每个阶段都对应了该技术人员应学习并掌握的核心能力内容。德国依据职业能力成长规律构建了"五阶段能力发展模型"（见图4-4），将其作为技术从业者实现职业发展目标的理论依据。

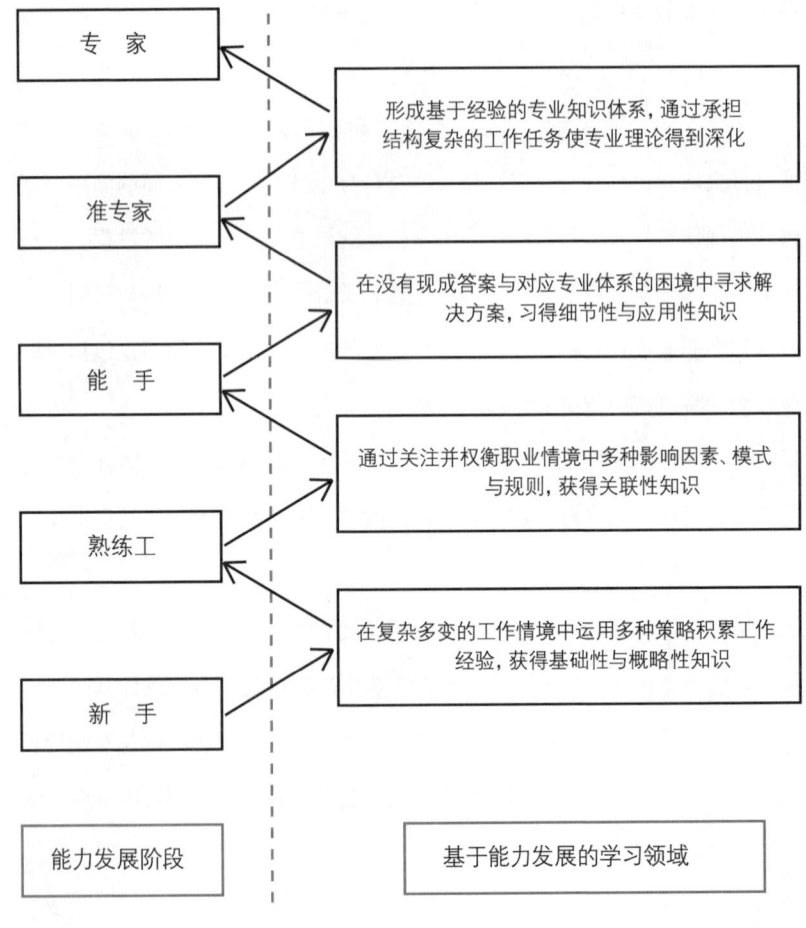

图4-4 五阶段能力发展模型

知识和能力是人创造的，人是知识性与能力性的存在体。如图4-4所示，求知与求能两者间既有联系也有区别。求知的目标是对世界本质和规律认识的结果；求能的目标是学习和应用知识的方式及其实践技能，表现为在工作世界中发现问题、分析问题和解决问题的思维与能力。[60]知识只有转化为认识能力与实践能力才能够成为现实力量，否则只是可能性力量。[61]因此在全程职业生涯教育中，既需要向学生提供理性的知识积累，更需要通过实践引导学生将知识转化为职业能力，在未来工作岗位上发挥实际效能。

（二）教学阶段性任务内容

中职学生全程职业生涯教育模式根据学生职业综合能力成长的规律及阶段性特点制订了针对每个年级学生个体能力发展需求的教学阶段任务内容。全程职业生涯教育一年级阶段的任务名称为"打好基础，认识自我"。一年级中职学生初入中等职业学校，处于由接受义务教育向职业教育的教育层次与类型转型阶段。大多数中职学生对何为职业教育，为什么有必要接受职业教育，职业教育能为自己未来就业与人生发展发挥什么作用等教育命题感觉迷茫。如果在一年级阶段能够通过教师引导与科学测试手段使学生正确认识自身个性特点、专业特长、职业兴趣与能力水平，帮助学生回答自己能做什么（知识与技能等）、了解自己适合做什么（性格与气质等）、明确自己需要做什么（价值观）、知道自己喜欢做什么（兴趣），[62]那么将在更大程度上激发学生的自主学习热情与动力，为高阶段专业学习与职业实践打好基础。

二年级阶段的全程职业生涯教育任务为"调整方向，明确目标"。

---

[60]郝文武. 教学方式对能力发展作用的价值取向和实践整合[J]. 北京师范大学学报: 社会科学版, 2007
　　(3): 15-21.

[61]夏甄陶. 知识的力量[J]. 哲学研究, 2000 (3): 3-12, 79.

[62]魏登, 王英臣. 应用型本科人才职业认知能力培养探究[J]. 人才资源开发, 2017 (11): 110-111.

二年级是中职学生开始专业学习的重要阶段，该阶段的专业基础是否扎实直接关系学生职业能力的强弱。职业学校与普通中学教学的最大区别在于职业教育以"工作过程"为导向组织教学内容，从工作岗位中提取典型工作任务，按照工作过程逻辑和学生学习规律开展理论与实践一体化教学。专业教学要求职业学校积极开展校企合作，让学生充分认识并体验所学专业的职业规范、职业环境、岗位任务及职业前景，将职业生涯教育内容贯穿该阶段教学的每个环节。[63]为此，重庆市女子职业高级中学每个月安排一天"职业体验日"，学生在职业生涯指导教师的带领下对企业进行调研，了解和掌握岗位工作特征、对员工素质要求及职位进阶路径，明确学生职业目标，制订职业生涯规划。该阶段职业生涯指导教师发挥着重要的教育功能，他们根据学生专业学习及岗位体验情况协助学生调整并优化职业生涯规划方案，[64]帮助学生进入职业角色、感悟职业价值。

三年级阶段是中职学生即将离开学校环境、进入职场的最后一年，其职业生涯教育的任务名称为"转换角色，迎接挑战"。三年级要顺利完成学生到职场人的角色转换，同时用更积极的心态和更充分的准备去迎接职业生涯。学生在即将就业前要接受"岗前职业化训练"，包括职场礼仪训练、沟通训练和时间管理技能等企业人必须具备的入门技能。学生在三年级专业实习阶段，学校将安排专职的实习指导教师提供实习指导，指导学生调整职业心态、完善职业生涯规划，使之更符合学生个体职业发展和职场对人力资源的实际需求。学校为学生提供就业技能培训和就业推荐服务，让学生拥有符合自己生涯规划的就业机会和职业发展平台。[65]

---

[63] 张艳华. 基于工作过程导向的课程开发研究——以衡水中职学校电子技术应用专业为例[D]. 石家庄: 河北师范大学, 2017: 10.

[64] 全程生涯教育: 让每位学生学会规划人生[EB/OL]. (2013-08-06)[2018-01-31].

[65] 全程生涯教育: 让每位学生学会规划人生[EB/OL]. (2013-08-06)[2018-01-31].

四、方法要素

教育方法是在一定教育目标和价值观指导下由教育内容和技术因素决定的教育行为规则。教育方法既具有普适性，也具有特殊性。普适性是指教育方法应符合因材施教、循序渐进等教育教学基本原则，特殊性是指教育方法适用于由教育行为主体的目标与价值观决定的教育活动以及只有具备一定条件才适合开展的教育活动。[66]全程职业生涯教育是以培养学生综合职业能力为目标、以弘扬敬业奉献的社会主义价值观为宗旨的教育活动。全程职业生涯教育有别于传统职业指导，在教育中体现了全程性与实效性特征，其方法要素包括开展职业前瞻教育、达人访谈、制订职业生涯规划模板、建立职业化成长护照、开设虚拟公司与提供就业跟踪服务。

（一）职业前瞻教育

职业前瞻教育是进行职业启蒙教育的教育方式与方法，其教育对象主要针对中职一年级新生。学校通过聘请知名企业老总、人力资源总监和经济研究专家为学生讲解国内经济发展形势和社会对人才的要求，组织学生观看职业生涯成功英才录像、学习职业生涯规划成功典范等途径帮助学生寻找人生定位，让学生树立个性化职业目标。[67]职业前瞻教育倡导教育目标凸显个性化特点，倡导"面对有差异的学生，实施有差异的教育，实现有差异的发展"，让每位学生都能根据自己的现实能力与潜在能力的差距找准职业能力的"最近发展区"，积极主动地选择职业目标。[68]

（二）职业生涯规划模板

职业生涯规划主要解决中职学生为自己职业生涯发展"规划什么""为

---

[66]郝文武.教学方式对能力发展作用的价值取向和实践整合[J].北京师范大学学报：社会科学版,2007(3)：15-21.

[67]全程生涯教育：让每位学生学会规划人生[EB/OL].（2013-08-06）[2018-01-31].

[68]王袯罹.应用型本科院校新生职业前瞻教育探索[J].科技信息,2012(20)：490-491.

什么规划""如何规划与实施"这三个基本问题。[69]职业生涯规划不仅针对个体职业发展的每一个阶段，还对职业生命发展的整体性与前瞻性预期规划。职业生涯规划不是照本宣科的计划文本，而是需要动态调整及优化的规划思路及策略纲要，它会随着规划者自我认知、知识结构、社会心理及职业心理的变化而不断成熟与完善，其本质反映了个体对职业理想、职业角色与职业发展轨迹自我反思与自我成长的过程。[70]

职业生涯规划受个体就业信心、生涯取向、职业认知、规划认知等多因素影响，是一种兼具科学性与个性化的规划过程。在中职学生全程职业生涯教育活动中开发专业的"职业生涯规划"模板，建立"目标—策略—计划"行动导向体系指导学生科学规划人生显得尤为必要。每个学生都要在职业生涯指导教师的帮助下准确梳理职业目标，科学制订达成目标的策略，形成具体行动计划。学生按照职业生涯模板规划人生，规划未来的学习和生活，实现职业目标与职业兴趣的有机结合，在职业策略与行动方面达成预期规划结果。[71]

（三）职业化成长护照

《职业化成长护照》是反映一个学生专业能力和非专业能力协同提升的过程记录，也是对学生开展职业生涯教育的重要方法与手段。目前，重庆市女子职业高级中学提出"2+X成长护照"实施方案，以专业能力和非专业能力两个方面为主线设计综合职业能力培养内容，以专业技能培养、专业实践能力提升、正确价值观养成、社会实践服务、心理健康教育、创新创业意识培养、生涯规划能力提炼等项目作为培养重点。X表示学校为学生职业成长搭建多个成长平台，学校通过开展各种形式多样的职业相关

---

[69]马娟.中职学生职业生涯规划教育策略的研究——以北京某一中职学校为例[D].新加坡:国立教育学院南洋理工大学,2014:22-30.

[70]陈姗姗.中职学生职业生涯规划及其影响因素研究[D].深圳:深圳大学,2012:5.

[71]全程生涯教育:让每位学生学会规划人生[EB/OL].(2013-08-06)[2018-01-31].

活动增强学生职业自信，塑造职业气质，提高职业能力。[72]

（四）虚拟公司

《教育部关于进一步深化中等职业教育教学改革的若干意见》（教职成〔2008〕8号）中提出"加强创业教育"，"要在职业生涯教育和职业指导中加强创业教育，突出对学生创业精神、创业意识和创业实践能力的培养"，"增强创业教育的针对性和实用性"。[73]创业教育成为中职学生全程职业生涯教育的主要任务。

虚拟公司项目起源于20世纪50年代的德国，是将人为创造的经济活动进行仿真模拟作为实践教学场所和教学组织形式。根据产品和服务项目的不同定位，学生可开展营销、财务、金融、贸易等业务过程的模拟活动。除了产品是虚拟的并且不发生实体位移外，其他如票据、账册、操作方式与核算方法等均按照现实经济活动中通行的做法设计和运作。[74]开办虚拟公司成为培养学生创业能力的有效教育方法，学生通过在校园内自主成立虚拟注册、实体模式经营的校园企业，在学校范围内开展商业活动，并按照正规公司模式进行运作，以获得自主创业与职场经营等宝贵经验。[75]

（五）职业测评

职业测评是学生进行自我认识与自我了解的重要方法，也是教师对学生开展职业指导的科学依据。职业测评在职业生涯教育中得到广泛应用。

职业测评与心理学发展有着密不可分的联系。世界上最早的职业测评工具可追溯到法国心理学家比萘（A.Binei）于1905年编制的"比萘—

[72] 全程生涯教育：让每位学生学会规划人生[EB/OL]. (2013-08-06)[2018-01-31].

[73] 晓阳. 深化中等职业教育教学改革 提高中等职业教育教学质量——教育部下发《关于进一步深化中等职业教育教学改革的若干意见》[J]. 中国职业技术教育, 2009(7): 8-10.

[74] 顾伟. 引入虚拟公司项目 提升学生创业能力——以苏州工业园区职业技术学院为例[J]. 唯实(现代管理), 2014(1): 55-57.

[75] 全程生涯教育：让每位学生学会规划人生[EB/OL]. (2013-08-06)[2018-01-31].

西蒙智力量表"。职业测评在20世纪得到快速发展，美国学者帕特森（D.G.Paterson）于20世纪20年代开发出以测量动作敏捷性、空间知觉和机械理解为主要内容的"明尼苏达机械拼合测验"（Minnesota Mechanical Assembly Test）等能力测评工具。[76]近年来，我国心理学工作者、职业测评师与职业生涯指导教师共同致力于适合我国各行业准入者职业测评需求的测评工具开发项目。常用的职业测评工具涉及职业兴趣测验、职业人格类型测验、职业价值观测验与职业能力倾向测验等方面，其测试的信度与效度均得到被试者与用人单位的高度认可。在中职学生全程职业生涯教育过程中，学校通过建立由"发展潜力评价""就业竞争力评价"等评价项目构成的职业测评体系，采用预测、诊断、探测和评估等科学手段帮助学生了解其职业兴趣、职业能力和职业倾向性，评定其个性特征和动机需求水平，针对其心理特征与能力水平提供专业性的职业发展建议。[77]

第三节　中职学生全程职业生涯教育模式的运行特点

教育模式的运行是在科学理念的指导下，教育模式的内容要素通过教育主体的能动行为以自组织的方式产生有序运动，使内容要素不断重组和优化以实现预期教育目标的动态过程。当教育模式系统处于运行过程中时，各要素间相互依存、相互支持、相互制约，表现出该系统有别于其他系统的运行特点。[78]

---

[76]陈姗姗. 职业测评工具在高校职业指导中的运用研究——以强化职业指导师资力量为主要调整方向[J]. 职教论坛, 2017（14）：22-26.

[77]全程生涯教育：让每位学生学会规划人生[EB/OL].（2013-08-06）[2018-01-31].

[78]许国志，顾基发，车宏安. 系统科学[M]. 上海：上海科技教育出版社，2000：19-20.

一、构建全程职业生涯教育机制

《现代汉语词典》对"机制（Mechanism）"概念的诠释分为四个方面：第一，机制是机器的构造和工作原理，包括机器的机动性及机器运转的动作，在一定意义上赋予了机器某种功能；第二，有机体的构造、功能和相互关系；第三，指某些自然现象的物理与化学规律；第四，泛指一个工作系统的组织或部分之间相互作用的过程和方式。[79]机制内涵从原始意义上看与机器有关，属于机械学词汇范畴，而它在实质上却是一个隐喻性概念，[80]因此在社会学、教育学、心理学等领域得到广泛运用，其内涵也随着应用领域的不同而发生改变。一般来说，机制主要针对复杂系统而言，通过剖析其内在组成部分间的联系、相互作用、相互制约方式来把握系统运行规律，并在此基础上通过人为能动性调整整体功能和运行方式来完成整体目标。[81]

教育机制是将教学系统作为一个生物机体或机械构造体来研究其构成要素间的相互关系及其运行方式。教育机制依据其层次、形式与功能的不同特征分为教育层次机制、教育形式机制与教育功能机制。[82]

教育层次机制是从层次范围的角度来考察教育现象与教育问题，包括宏观教育机制、中观教育机制和微观教育机制。[83]中职学生全程职业生涯教育从教育机制层次归属来讲属于微观教育机制，这种层级机制的主要特点一方面在于它的基层性，另一方面在于其个别性。中职学生全程职业生涯教育是一种创新的教育模式，目前在我国中等职业学校中开展得并不普遍，其构建理念与育人模式只有在个别学校教育教学过程中获得了全面

贯彻实施。我们可以说，全程职业生涯教育并不是国家或地方以行政命令方式强制推行的教育模式，而是基于中职学生就业、创业与职业生涯可持续发展的需求，基于中等职业学校用于教育改革尝试与提升人才培养质量的内驱力，基于教育界对其助推社会经济发展与维护就业稳定的社会责任的清晰认识与担当所做。作为与创新的教育实践行为，因此它诞生于教育基层并回馈社会基层，从其萌芽到成熟的过程显示出强大的不可逆转的教育生命力。当然，科学优秀的教育模式值得进一步推介并推广。目前中职学生全程职业生涯教育模式已在我国部分省市得到地方政府的密切关注与支持，相信在不久的将来，该教育模式会在更高的层级得到肯定并在全国范围内推广应用。

教育形式机制是从形式角度对教育系统进行分析，包括行政—计划式机制、指导—服务式机制和监督—服务式机制。行政—计划式机制是指用行政和计划手段将教育各主体统合起来使之发挥作用；指导—服务式机制是指用指导及服务的手段开展教育活动；监督—服务式机制是指将行政计划手段与指导服务手段相结合，共同作用于教育系统。[84]中职学生全程职业生涯教育机制属于监督—服务式机制，因为每种教育模式系统从诞生到推广都离不开政府、学校、企业与社会机构的通力合作。政府教育部门与第三方评价机构在系统构建及运行过程中发挥其咨询、建议与监督功能；而学校与企业两类组织类型间的协同方式除了物质方面的相互支持，还离不开人力、信息与技术资源的互补协作。

教育功能机制涉及激励机制、制约机制和保障机制，具体表现形式包括：其一，中职学生全程职业生涯教育模式运行过程中，学校采用提高学生职业意识、满足其职业发展诉求等激励的手段来调动学生主动参与职业生涯教育的积极性。其二，全程职业生涯教育既是一种科学的教育模式，

---

[84]孙绵涛，康翠萍. 教育机制理论的新诠释[J]. 教育研究，2006(12)：22-28.

也是一种有效的多层级管理模式。其中上级对下级的制约、下级对上级的制约以及平级之间的制约成为教育管理的主要手段。其三，在系统运行中，教育主体通过提供经费、设备等物质条件，提供观念的导向、政策支持和制度保障等精神条件，提供管理及服务方式对教育系统的顺利运行发挥作用。[85]

二、尊重学生的主体性与选择性

中职学生全程职业生涯教育模式以人本主义思想作为开展教育活动的核心指导思想，即强调以学生的综合职业能力发展为中心，尊重学生在教育中的主体性与选择性。

以学生为中心的人本主义教育思想决定了教育模式自由民主的运行特征，即一切从学生实际出发，充分发挥学生在教育活动中的能动性，将学生的主体地位与教师的主导作用进行有机结合。[86]全程职业生涯教育着眼于学生个性化的全面发展需求，谋求个人发展与社会进步的有机统一。马克思关于人的全面发展理论认为，人是社会的历史的存在，同时人的发展应该体现全面性与自由性。[87]在教育活动中，我们应将学生的发展置于社会发展的历史背景中加以考量，学生的发展应满足社会发展需求并得到社会系统的大力支持。同时，教育活动是基于个体差异的个性化人才培养过程，强调学生创造性、创新意识、创新精神和创造能力等素质的提升，重视学生的个性化选择与自由发展。[88]

主体性又称自觉能动性，是人的全面自由发展最根本的特征。主体性表现为主体与客体交互作用中所表现出的积极性、独立性、主动性与创造

[85] 孙绵涛, 康翠萍. 教育机制理论的新诠释[J]. 教育研究, 2006（12）: 22-28.

[86] 孔夏萌. 高校职业生涯教育课程研究[D]. 重庆: 西南大学, 2013: 66.

[87] 马克思, 恩格斯. 马克思恩格斯选集（第一卷）[M]. 北京: 人民出版社, 1995: 122.

[88] 齐宏博. 科学发展观与大学生个性化发展[J]. 江苏高教, 2009（3）: 96-98.

性。在全程职业生涯教育中，尊重学生的主体性就是充分发挥学生的主动性。因为中职学生作为社会个体在接受中等职业教育之前已经接受过学校教育与社会教育，并在一定程度上具备个体对社会的认知，开始由自然人向社会人转型，是初步实现社会化的未成人个体。[89]他们对自我、对职业、对社会发展具有独特的认知，尽管这种认识的科学性与正确性有待完善。因此在教育活动中不能将学生视为一张"白纸"或"泥塑品"，以为可以在"纸"上随意涂画或捏塑成任意造型。如果这样做，只会磨灭中职学生的学习积极性与主观能动性，使他们成为职业生涯教育中的被动参与者而非教育活动的能动主体。

以人本主义教育思想为指导的职业生涯教育模式是将"以人为本"理念贯穿教育模式运行的全过程。无论是教育目标的确定、教育内容的选择、教育活动实施与教育质量评价都贯彻了以学生为中心的理念，将"人的发展"置于职业生涯教育的首要地位。学校应鼓励和引导学生通过参与企业实践与社会活动明确自己的社会使命与社会责任，为更好地进行职业生涯规划奠定基础，更好地实现自身社会价值。

三、形成多主体协同培养模式

"协同"是指"参与整体发展的各主体之间通过沟通协调与相互合作产生超越各主体单独作用的效用，实现整体效能和利益的最大化"。[90]协同理论强调竞争与协同是维持系统运行的主要动力，系统要素间的竞争促使系统由平衡态转为非平衡态，协同则在非平衡条件下使系统某些要素联合起来占据优势地位，从而支配系统整体结构演化。[91]

---

[89] 文喆. 以人为本和教育的几个问题[J]. 山东社会科学, 2008, 9(1): 9-14.

[90] 赫尔曼·哈肯. 协同学——大自然构成的奥秘[M]. 凌复华, 译. 上海: 上海译文出版社, 2005: 100-118.

[91] 吴彤. 自组织方法论研究[M]. 北京: 清华大学出版社, 2001: 48-49.

　　中职学生全程职业生涯教育是由多主体构成的开放性教育系统，每个主体对于系统构建的整体性来说均不可或缺，在系统运行中发挥其独特的功能与作用。中职学生全程职业生涯教育模式的构成主体既包括教育活动的供给侧主体，如中等职业学校、企业、政府机构、行业协会等组织，也包括教育活动的需求侧主体，即中职学生个体与群体。根据协同理论，这些主体在构成职业生涯教育系统并推动系统运行过程中既存在竞争关系也存在协同关系。其中竞争关系主要表现为同类型教育主体间的竞争，比如中等职业学校间在招生、就业、人才培养质量及社会声誉方面的竞争；企业在优秀人才招聘录用、占据产品市场优势地位等方面的竞争。协同则表现为同类型教育主体间以及不同类型教育主体间的协同，如形成政、校、企、社会在职业教育领域的四方联动机制。从本质来看，无论是主体间的竞争还是协同都是促进系统组织从无序走向有序，从一个劣势状态向优势状态转型的有效途径。但从系统发展的主要动力角度来讲，协同是主导教育系统运行的压倒性力量。

　　中职学生全程职业生涯教育是以多主体协同培养为基本特征的教育活动与教育系统。多主体的协同培养从横向维度表现为同类型及不同类型教育主体间的协同，从纵向维度表现为不同层级教育主体间的协同。

　　同类型教育主体间协同的代表性行为是多所中等职业学校在职业生涯教育活动中的教育合作与资源共享。每个中等职业学校均拥有其办学特色与优势专业，但其培养目标具有高度一致性，即为社会培养高素质技术技能型人才。加强中等职业学校间的教育合作可以充分分享和利用各学校的特色软硬件资源，为学生职业生涯发展搭建更广阔的平台；能够开展形式多样的校际间学生交流与合作项目，有利于锻炼学生社会交往能力与团队协作能力；有效促进全程职业生涯教育的理论与实践经验的推广，提升区域中等职业学校整体办学能力。

不同类型教育主体间的协同行为主要表现为政、校、企、社会四方联动机制。政、校、企、社会四方协同培养机制的形成既能发挥政府的引导作用，又能充分整合学校及企业双方教育资源，有针对性地为企业培养一线实用型创新型人才，更好地服务地方经济；此外，还能激发社会第三方组织深度参与职业生涯教育，为教育质量的优化提供信息咨询服务以及发挥社会舆论监督职能。

不同层级间的教育主体的协同功能对于中职学生全程职业生涯教育活动同样重要。全程职业生涯教育是多层级主体共同设计、实施与监管的教育系统，每个层级及相关人员都肩负着具体的教育职责，每个层级间都应相互支持与相互监管，共同为提高职业生涯教育质量做出贡献。

四、建立民主协商的发展性评价体系

评价是以事物或行为的价值高低作为判断和评定的过程。[92]在教育活动中，为了检验教育质量与教育成效是否达到预期目标以及满足受教育者需求的程度，都需要开展教育评价工作。

学术界关于评价理论的研究已具有百年历史，取得了丰硕的理论与实践成果，形成了以"测量""描述""判断"和"共同建构"为特征的四代评价理论。具体而言，第一代评价盛行于19世纪末至20世纪30年代，此阶段的评价手段以测量为中心，评价者的任务是选择测量工具、组织测量与提供测量数据，因而这一时期的评价被称为"测量时代"。第二代评价从兴起到衰退历经20世纪30年代到50年代后期约30年时间，此阶段以泰勒模式为代表，强调对绩效与目标匹配程度的描述，被称为"描述时代"。第三代评价的更迭期从20世纪50年代后期至70年代末，其理论特点为坚持评价主体的价值判断，评价者的责任不仅要运用测量手段收

---

[92]中国社会科学院语言研究所词典编辑室. 现代汉语词典[M]. 6版. 北京: 商务印书馆, 2015: 1003.

集评价对象的参数指标，还要对其进行目标与价值判断，该时期被后世称为"判断时代"。[93]归纳前三个评价时代均存在"浓厚的管理主义倾向""忽视价值多元性"和"过分强调科学实证主义的方法"等问题和不足。[94]因此，在20世纪80年代末，著名评价专家库巴（Egon G. Guba）和林肯（Yvonna S. Lincoln）提出第四代评价理论，主张充分关注评价利益相关者的多元化价值取向，以"协商"为途径达成评价主体共同的"心理建构"，通过价值协商使评价活动建立在利益相关者共同的教育价值基础上，建立以"回应、协商与达成共识"为特征的第四代评价体系。[95]

中职学生全程职业生涯教育是建立在多元教育主体对职业生涯教育进行价值判断基础之上的教育体系，因此，对教育质量的评价应尊重多元主体对该教育活动及其成效的利益诉求，倡导多元主体共同参与教育评价工作，充分收集各方的意见并加以回应。中职学生全程职业生涯教育评价活动的有效实施需要建立在利益相关者达成共识的基础上，对评价的意图、价值选择、组织与实施以及评价结论运用都应开展民主协商，在共同认可的基础上实施评价。

发展是一个动态性概念，中职学生全程职业生涯评价以促进中职学生综合职业能力发展作为评价的出发点与落脚点。能力发展评价不能采取问卷调查等传统评测工具与短周期评估方式，而需要借助现代化网络信息平台有计划、长时间地对职业生涯教育成效进行追踪调查，[96]以学生职业能力提升的增量而不是某个时间节点的结果性参量作为衡量教育成果的标

---

[93] 杜瑛. 协商与共识：提高评价效用的现实选择——基于第四代评价实践的分析[J]. 教育发展研究, 2010(17)：47-51.

[94] 卢立涛. 回应、协商、共同建构——"第四代评价理论"述评[J]. 内蒙古师范大学学报(教育科学版), 2008, 21(8)：1-6.

[95] 杜瑛. 协商与共识：提高评价效用的现实选择——基于第四代评价实践的分析[J]. 教育发展研究, 2010(17)：47-51.

[96] 申文缙, 周志刚. 德国职业教育教师培训效果评价研究[J]. 河北大学成人教育学院学报, 2016, 18(1)：90-96.

准。因此，中职学生全程职业生涯评价属于发展性评价体系，能够更加全面科学与准确地测量职业生涯教育的长期成效，其评价结果有助于教育活动的持续性改进与教育质量提升。

第五章 —— 中职学生全程职业生涯教育课程体系建构

2008年，教育部颁布的《关于进一步深化中等职业教育教学改革的若干意见》明确提出，要"坚持以人为本，关注学生职业生涯持续发展的实际需要"。按此要求，中等职业学校必须加强对中职学生的职业生涯教育。然而，多数中职院校尚未认识到开展全程职业生涯教育的重要性，没有形成职业生涯教育全程观，缺少有力的组织机构和健全的制度保障。并且只按国家规定课程在中职一年级实施课堂教学，二年级、三年级乃至毕业后3~5年都没有相应的职业生涯教育课程设置，不系统、缺少与课程设置配套的职业活动体验，较少运用现代化信息工具，师生线上互动少。加之职业生涯教育师资主要来自中职现有的德育教师，缺少职业生涯教育理论背景，师资队伍数量有限，教学与市场、岗位实际脱节，无法精准指导中职学生职业生涯发展。

职业生涯教育课程的学习能够使中职学生意识到确立职业发展目标的重要性，激发他们自主的职业生涯发展意识。目前，中职学生对职业生涯开发与管理越加重视，这些日益增加的需求也迫切要求中等职业学校开发优质的职业生涯教育课程资源。职业生涯教育课程建设的总目标是使中职学生学会职业生涯规划的基本知识与技能，掌握解决实际职业生涯规划中出现的问题的方法以及职业生涯开发与管理的能力，养成良好的终身学习和职业行为习惯。建构中职学生全程职业生涯教育课程体系，能够提高中职学生的职业素养，增强其职业生涯规划的意识和能力，培养正确的职业价值观与职业情感，以指导他们科学地作出职业选择。因此，中等职业学校应贯彻以生为本的原则，不断加强职业生涯规划课程建设，提升课程教学质量。基于以上一系列问题以及职业生涯教育课程改革的重要意义，非常有必要实施中职学生全程职业生涯教育课程改革，建构中职学生全程职业生涯教育课程体系。

第一节　中职学生全程职业生涯教育课程体系建构的背景

2008年，教育部对中等职业学校职业生涯教育提出了新要求。2009年，国家在中等职业学校实施德育课程改革，将《职业生涯规划》课程正式纳入德育课程体系。然而，仅通过一门职业生涯规划课程根本无法解决职业生涯教育的全部问题。这些问题主要表现在：多数学校忽视职业生涯教育、缺乏全程教育观，课程设置不系统，教学方法传统，教育手段落后，师资匮乏，指导不够专业，无法满足中职学生职业生涯持续发展的现实需要。针对以上问题，2010年，重庆市女子职业高级中学开始进行理论研究和实践探索，构建中职学生全程职业生涯教育新理念，寻求解决问题的办法，并于2013年2月形成了中职学生全程职业生涯教育改革实施方案，于2013年3月正式实施。中职学生全程职业生涯教育成果在市内外15所伙伴学校中得到了应用，对提高育人水平和育人质量、实现人才培养目标产生了重大成效。重庆市教科院、市职教学会组织在全市中等职业学校对本成果进行推广，对全市中职学生职业生涯教育改革产生了重要示范引领作用。全国职业院校学生工作者联席会组织在市外200所中等职业学校推广；典型案例《全程职业生涯教育的探索与总结》于2013年被教育部列为国家中职示范校建设百佳案例；2013年，《全程生涯教育：让每位学生学会规划人生》刊登在《中国教育报》，对全国中职学生职业生涯教育改革产生了重大影响。目前，学校认识到了开展职业生涯教育的重要性，也认识到了开展职业生涯教育不能仅局限于《职业生涯规划》课程，应该将职业生涯教育贯穿到中职学生接受三年学业教育的全过程。正是基于以上背景，学校对中职学生全程职业生涯教育的课程体系进行了建构。

第二节 中职学生全程职业生涯教育课程体系建构的理念与原则

中职学生全程职业生涯教育应将职业意识、职业认知、职业体验、职业规划、职业准备等主要内容融入职业生涯教育课程体系当中，将中职学生的职业生涯认知能力、规划能力、发展能力作为培养重点。认知能力包括自我认知、职业认知以及社会认知能力；规划能力包括学业规划、就业规划以及职业规划能力；发展能力包括学会学习、职业素养以及职业准备。从中职一年级至毕业后3~5年的"全程"，每个阶段培养侧重点不同，呈交互式螺旋上升，最终形成中职学生职业生涯可持续发展的能力。基于此，我们提炼出"职业生涯认知能力、规划能力、发展能力分阶段、有重点、交互式螺旋上升培养，贯穿人才培养全过程"的中职学生全程职业生涯教育理念，并坚持在改革与实践中全面贯彻这一理念。

在上述职业生涯教育理念基础上，中等职业学校进行职业生涯教育课程体系构建时应重点把握两大基本原则：满足学生发展需要原则和满足社会发展需要原则。

一、满足学生发展需要的原则

满足学生发展需要原则是指中职学生全程职业生涯教育课程内容应具有个性化、人性化，充分满足中职学生在职业领域的知识发展需求及心理发展需求。首先，要满足中职学生的知识发展需求。中职学生全程职业生涯教育课程开设的目的之一是让中职学生通过职业生涯教育课程的学习提高个人职业生涯发展的知识与能力。由于每个中职学生原有各类知识水平不同，就要求全程职业生涯教育课程在课程内容的选择上具有针对性，因人而异。其次，要满足中职学生的心理发展需求。职业选择过程本身是一个学生心理逐渐成熟的过程，心理素质对就业目标的确定、就业目标的实现、职业成就的评价等都具有非常大的影响。对于中职学生来说，极易在职场出现盲目自信、自卑畏怯、急功近利、患得患失、烦躁焦虑等心理问题，因此需要通过在全程职业生涯教育课程中纳入心理咨询、心理辅导等相关内容，引导中职学生形成健康的职业心理。

二、满足社会发展需要的原则

满足社会发展需要的原则即全程职业生涯教育课程的内容应社会化，在社会政治经济和文化的大环境中进行建设。第一，从政治方面看，为做好中职毕业生就业工作，国家每年都会出台许多就业方面的法律、法规，而各地方政府也会依据国家相关规定制订相应政策措施，这些法律、法规和政策措施都是中职学生全程职业生涯教育课程建设的政治环境。第二，从经济方面看，随着社会主义市场经济体制的逐步完善，我国经济结构发生了显著的调整，而以其为基础的职业类型也发生了变化，这些变化是中职学生全程职业生涯教育课程建设的经济环境。第三，从文化方面看，社会文化是社会政治和经济的灵魂，中职学生全程职业生涯教育课程内容的建设必须充分考虑各类社会中职业文化的差异。

第三节 中职学生全程职业生涯教育课程的内容

中职学生全程职业生涯教育课程内容体系应涵盖四大模块：增强职业生涯理论知识的基础课程、提供职业生涯演练的实践课程、强化职业生涯意识的活动课程、感受职业文化氛围的文化课程。构成中职学生全程职业生涯教育课程内容体系的四大模块在课程实施过程中是相互交叉、融合与渗透的。

一、基础课程

职业生涯教育基础课程以中职学生身心发展及知识水平为依据，选择职业生涯相关基础知识为学习内容的课程形态，注重全面提高中职学生的基本素质、职业意识和职业精神。当前，中职学生全程职业生涯教育课程的内容主要体现在四个方面的转变：一是课程内容要从过去局限于职业基础知识转变为强调职业生涯基础知识及基本素养知识；二是课程目标要从过去提高中职学生的职业知识水平转变为在提高中职学生的职业理论水平的同时，更注意培养中职学生的理论运用能力和终身创造能力；三是课程评价要从过去主要根据中职学生掌握职业知识和职业技能的多少来衡量课程的质量转变为注重对中职学生学习力和综合素质的评定；四是课程对象要从过去面向全体中职学生的共性转变为针对中职学生的个性发展。根据中职学生全程职业生涯教育课程内容这四个转变，可以将基础课程开发成学科渗透课程、必修课程和选修课程。

二、实践课程

职业生涯教育实践课程是为指导中职学生获得直接的职业实践经验，通过一系列与生产操作相连的实践行为来实施的一种课程形态。实践课程应以中职学生的自我教育、自主学习为基准，充分发挥中职学生的主观能动性和积极性，培养他们独立发现问题、分析问题、解决问题的能力，在实践中学习、在学习中实践、学习和实践相结合、动脑与动手相结合。实践课程是最能体现职业生涯教育的特点和性质的课程形态，能够使中职学生身临其境地体验职业生涯中千变万化的复杂工作环境，磨炼他们的毅力和品性，促进其独立实践能力的形成。[1]

---

[1]陶倍帆. 澳大利亚职业生涯教育研究[D]. 上海：华东师范大学，2014.

三、活动课程

职业生涯教育活动课程是指为指导中职学生获得直接职业经验和职业信息打破学科逻辑，以学生的兴趣、需要和能力为中心，通过设计一系列的活动来实施的职业生涯教育课程形态。其与职业生涯教育课程体系中实践课程的不同在于它不涉及直接的生产操作和经营管理，而主要涉及职业认知、职业情感等方面的训练。职业生涯教育活动课程的开发可从以下三个方面入手：一是选择活动课程的内容。活动课程内容的选择应满足社会生活、工作学习的需要，满足学生的兴趣和爱好，并且最好是对基础课程知识的巩固与运用。二是确定课程形式。如开展职业专题讲座和报告会，举行职业模拟面试和生涯规划竞赛等。职业生涯教育活动课程要充分体现活动的宗旨，让中职学生在职业领域的知、情、意、行得到全面发展。课程时间安排要兼顾稳定性与灵活性。稳定性是要根据教学进度及需要定期安排活动课程，灵活性则是根据学生的兴趣、爱好利用课余时间灵活安排课程。三是选择课程地点。活动课程的理论基础是做中学，在做中培养学生学习、动手、交往、创造等能力，以帮助中职学生更好地融入社会。由于职业生涯教育活动课程以活动为中介，课程本身紧密联系社会生活，活动课程的地点应秉持开放性原则，不局限于校园、教室，可以转移到企业、社区、街道中进行。

四、文化课程

职业生涯教育文化课程的开设体现着终生教育的理念。文化课程具有无处不学习、无时不学习的特色，把职业生涯教育课程从教室、校园中解放出来放置于各种职业文化环境中，让文化环境因素通过课程进入学生的学习感知中，使学生陶冶情操、美化心灵、启迪智慧、激发创造、发展身心。职业生涯教育文化课程的开发应从精神环境课程、制度环境课程和物质环境课程三方面入手。精神环境课程是指给中职学生创造良好的职业生涯教育氛围，用各职业群体共有的价值观念、道德情感、思维模式等感化中职学生，使他们在耳濡目染、潜移默化中达成共识，树立职业意识、提高职业素质，形成良好的职业思维模式；制度环境课程是指突出各职业领域的组织、机构及其规章、程序等职场刚性秩序，强化中职学生形成符合社会规范的行为习惯，养成优秀的职业道德与职业素养；物质环境课程是指让中职学生进入某一职业领域的工作环境，感受物质环境中的实物情境，最终融入职业文化之中。需要指出的是，中职的校园文化是教师和学生职业文化的孕育地，它应是职业生涯教育文化课程所要依托的主要载体。

第四节　中职学生全程职业生涯教育课程的实施

一、中职学生全程职业生涯教育课程的实施方式

（一）开发校本课程

重庆市女子职业高级中学在国家课程《职业生涯规划》和《职业道德与法律》的基础上进行校本课程的规划设计，开发课程《全程生涯实务手册》和《实习与就业》，编写校本读物《实习指导手册》和《就业与创业指南》，从一年级至学生毕业后3~5年形成中职学生全程职业生涯教育课程体系（见图5-1）。[2]

---

[2]引自重庆市女子职业高级中学《课程开发、活动引领、双向互动——中职学生全程职业生涯教育改革与实践教学成果报告》。

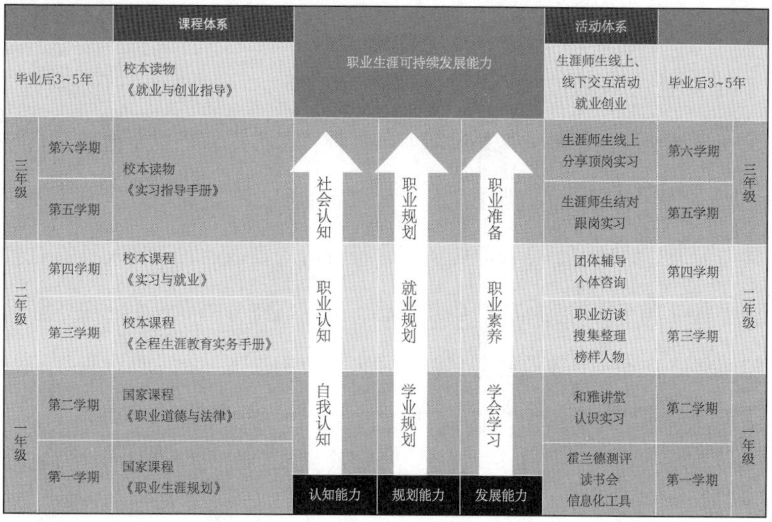

图5-1 中等职业学校全程职业生涯教育课程体系与活动体系

（二）形成与课程体系配套的活动体系

学校开展霍兰德测评、读书会、实习等14项主题活动，承办职业生涯教育教学竞赛、全国生涯教育峰会，形成与课程体系配套的活动体系；开发学生成长护照，记录学生成长点滴；将思维导图、印象笔记等31种信息化工具运用到不同教学场景；建立生涯指导中心微信公众号、开设导师心语、学生成长之声、学姐寄语、答疑解惑等固定栏目，供所有师生借鉴和参考。建立导师交流群和师生互动群，每周分享成长感悟，促进师生双向互动。

（三）课堂教学

职业生涯教育课堂教学是职业生涯教育课程实施最主要的渠道。[3]在课堂上，要求职业生涯教育教师不只是采用单一的讲授法进行教学，还要通过学生演讲、小组合作与讨论、职业模拟表演等多种形式向中职学生传

---

[3]傅宏. 中小学职业生涯教育课程研究[D]. 济南: 青岛大学, 2016.

授职业生涯教育的相关知识，调动中职学生进行职业生涯规划的主动性。

（四）社会实践

与社会实践相融合是开展职业生涯教育课程的一个重要途径，能够让中职学生在体验社会职业中充分了解自身的职业兴趣和职业能力，使中职学生更加直观地了解各种职业的工作流程、内容以及对工作人员的要求，从而获得真实的职业体验与职业情感，为提高自身的职业生涯规划意识和能力奠定基础。具体的社会实践形式可以分为以下三类：参观职业场所、实地调查访谈和参加社会工作实践。

第一，参观职业场所。中等职业学校应当充分利用社区、学生家长和社会企事业单位的资源组织校内学生走出校门，参观真实的工作场所，如生产车间、医院、法院、广播电视台等单位，加深中职学生的职业直观感受，帮助中职学生切实感受日常生活中经常接触的社会职业，使中职学生在工作场所中不仅能够了解各种不同职业的工作内容，还可以了解各种职业的要求和责任，使中职学生在增加社会职业直观感受的同时明确自己的职业发展方向。

第二，实地调查访谈。鼓励中职学生对社会就业形势和各行各业的工作情况及就业现状进行调查研究。中职学生在这一过程中带着自己想要了解的问题进行调查访谈，进一步了解社会各行各业对从业人员知识构成、身体素质、道德修养、个性特点、工作技能等方面的具体要求。调查访谈的内容应尽可能多样化，如调查访谈品牌企业的发展历程、访谈自主创业者的创业过程、调查优秀职业人的成长经历等。

第三，参加社会工作实践。主要包括参加社会公益活动和利用课外时间进行职业体验等，其中既包括中职学生自发进行的职业实践，也包含学校或班级集体组织的实践活动。通过各类社会工作实践，可以让中职学生在实际职业体验过程中形成与未来专业选择、就业和创业活动相关的意识与素养、知识与技能，增加中职学生对职业的切身体会。

（五）研究性学习

利用研究性学习来推进中等职业教育阶段的职业生涯教育重在以研究性学习为载体，通过设定职业生涯规划课题，让中职学生在研究性学习中设计未来的职业生涯。中职学生在研究性学习过程中不仅能获得研究方法、研究内容、研究过程等方面的知识，还能够激发他们综合运用自我认知、职业认知和职业探索的内容进行职业生涯规划，使其能够及时调整、完善自身的职业生涯发展规划，帮助每一名中职学生形成职业自信心和健康的职业心理，养成自我引导、自我完善的职业生涯规划能力。

二、支撑职业生涯教育课程实施的主体

（一）校长

为了有计划、系统地实施职业生涯教育，对学校各级教职人员的责任和职责都要重新定位。在中等职业学校实施的各类教学课程都是在校长的领导下，由全体职员共同努力完成的，校长发挥着核心作用。因此，校长必须向所有教师明确职业生涯教育的意义和在全体教学课程中的地位，制订各种指导计划，并设立"职业生涯教育推进委员会"统筹管理学校的职业生涯教育。此外，由于职业生涯教育不仅需要利用校外的各种资源，还需要各类社会团体的支援与帮助，学生家庭的理解与协助也是非常需要的。因此，校长还需积极履行自己作为学校与外界协调者的职责，与中等职业学校外部各利益相关主体合作，协同实施职业生涯教育课程。

（二）班主任

在中等职业学校中，主要由班主任担任职业生涯教育课程的主导者。因此，班主任必须在掌握中职学生实际情况的基础上通过各种有效的方式

保证职业生涯教育课程的顺利开展。由于在开展职业生涯教育课程的过程中中职学生参加的体验活动会更加多样化，范围也更加广，仅靠班主任一人难以应对所有的状况，这时就需要跨越班级形成团队对中职学生进行综合教学。为此，班主任还需制订时间表，将本班职业生涯教育课程的安排向其他班级与其他年级公开，使所有教师切实掌握各个班级的职业生涯教育课程实施情况。

（三）职业生涯教育委员会

职业生涯教育委员会的主要职责为：负责职业生涯教育课程计划及实施与评价，职业生涯教育职责分配与各学年之间的联络与调整，提出融合职业生涯教育理念的教育活动与课题，负责职业生涯教育课程的实施与改善。职业生涯教育委员会在校长的领导下保证中等职业学校全体对职业生涯教育课程理念形成共同理解，明确教学目标，提高教师在职业生涯教育领域的专业性，推动职业生涯教育课程的改革与实施。

第五节　中职学生全程职业生涯教育课程评价的特征

中职学生全程职业生涯教育课程评价主要有评价主体多元化、评价方法多样化、评价内容全面化三个主要特征。

一、评价主体多元化

中职学生全程职业生涯教育课程的评价主体首先是教师。职业生涯教育教师既是该课程的任课教师，也是职业体验过程中的职业引领人，还是职业生涯教育类竞赛中的评委教师。其次是中职学生，主要包括中职学生结合课程学习内容进行的自我评价和学习小组成员或班级其他成员之间的互评。再次是家长，主要依据该课程的内容和中职学生职业体验与职业实践的成果对中职学生相应的评价。最后是社会评价，主要是由中职学生进行职业体验与职业实践场所的工作人员对学生上课过程中的表现进行的评价。

二、评价方法多样化

中职学生全程职业生涯教育课程的评价方法主要包括两类：过程性评价和终结性评价。过程性评价主要是指中职学生在课程实施过程中的表现，如课堂纪律、回答问题的积极性、合作态度、平日任务完成的质量，也包括在社会实践和主题比赛过程中取得的成绩；终结性评价主要是每一学段最后，中职学生根据个人的上课任务具体完成的职业生涯规划书的质量与效果。

三、评价内容全面化

中职学生全程职业生涯教育课程的评价内容应当依据课程目标和课程内容的任务要求对中职学生的职业生涯规划状况进行全面评价，主要包括以下评价内容：首先是中职学生参加职业生涯教育课程学习的认识和态度，如是否认真进行课堂学习，在职业体验、职业探索和职业生涯规划时是否努力完成教师布置的各项任务；其次是中职学生在课程实施过程中所获得的成绩，如通过演讲、班会和比赛评价中职学生在自我认知、职业认知、职业探索、职业体验以及职业规划等领域取得的进步。

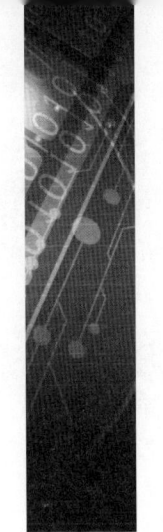

第六章 —— 中职学生全程职业生涯教育实践体系建构

受年龄、家庭、认知等综合因素的影响，多数中职学生选择专业存在盲目性，专业学习缺乏主动性，职业目标缺乏指向性，不具备主动进行职业生涯规划的意识。职业生涯教育的一个重要功能是激发中职学生的学习动力。虽然学校在搭建职业生涯教育平台和挖掘途径方面、教师在对中职学生开展职业生涯教育和职业生涯规划指导方面都做了很大努力，但效果并不理想。大多数中职学生对未来的职业目标不明确，对职业生涯发展的信心不足，学习的动力仍然不足。而中职学生全程职业生涯教育实践的构建有利于解决以上一系列问题。

第一节 中职学生全程职业生涯教育实践体系构建的原则

职业生涯教育实践体系的构建是一个长期而复杂的过程，不仅要考虑中职学生的身心发展特点，还应考虑中等职业学校的实际情况与整个社会、经济的大环境。在综合考虑各因素的情况下，中职学生全程职业生涯教育实践体系构建的原则应主要包括主体性原则、系统性原则、全程性原则、专业性原则、针对性原则。

一、主体性原则

主体性原则就是要求在职业生涯教育实践过程中始终坚持以中职学生为主体，充分发挥中职学生的主观能动性。职业生涯教育的目的就是帮助中职学生正确、客观地认识自己，在充分了解自身情况的基础上找到最适合自己的、最有利于自己职业发展的、最大化地实现自身价值的职业，实现人职的合理匹配。因此，中等职业学校开展的职业生涯教育实践工作必须认真考虑中职学生的职业发展需求，职业生涯教育实践活动要从中职学生的实际需要出发，激发中职学生参与职业生涯实践活动的兴趣，调动中职学生参与职业生涯规划的积极性。在中等职业学校的帮助和引导下，使中职学生能够回答"我想干什么""我能干什么""我如何才能实现自己的职业理想""未来的发展道路应该是怎么样的"等问题。总之，坚持主体性原则就是要在职业生涯教育实践活动中真正体现出以中职学生为本的职业生涯教育思想，改变目前中等职学校职业生涯教育实践流于形式、忽视中职学生职业生涯发展现实需求的现状。

二、系统性原则

系统性原则是指职业生涯教育实践的内容须具有系统性。职业生涯教育实践的目的是打破传统就业指导的弊端，全方位提升中职学生的综合素质，帮助他们合理定位职业发展方向，科学设计职业发展道路，最终实现职业生涯发展的成功。

系统性的职业生涯教育实践内容具体包括职业认知教育、职业理想教育、职业生涯规划教育、职业素质教育、就业准备教育与创业教育。

职业认知教育主要是向中职学生介绍职业知识、职业发展的未来趋势、职业资格证书种类及获得途径、不同行业的职业需要，使中职学生对职业世界有一个初步的了解，树立正确的职业观。

职业理想教育主要是帮助中职学生树立符合自身实际情况的、科学的职业理想，正确认识目前学习的专业与未来职业发展之间的关系，增强中职学生追求职业成功的动力与主动参与职业生涯规划的自觉性。

职业生涯规划教育是职业生涯教育的主体部分，具体包括两个主要部分：第一部分是指导中职学生对自身职业潜能进行分析。首先，通过各种科学的测量工具对自己的人格特质、气质类型、职业能力与职业兴趣进行评估与测量，在专业人士的指导下，结合父母、老师及朋友的意见对自己进行科学、全面的评估；其次，搜集与个人实际相符的职业信息，如职业要求、相关企业的企业文化与价值观、竞争程度等。第二部分是在职业潜能分析的基础上帮助中职学生确立职业发展目标，撰写职业生涯规划书，并通过中等职业学校提供的机会参加社会实践，在工作实践中对职业生涯发展规划进行不断反思，检视职业定位、职业目标与实施策略是否符合实际，职业理想能否得到实现，从而不断修正职业生涯发展目标、实施方案与职业路线。

职业素质教育是以课堂教育与校内实习为主要途径，辅以社团活动、校外实习，培养中职学生职业岗位所需的专业知识能力、实践能力与职业道德素质。因此，职业素质教育有两个层面的含义：一是职业所在行业要求上岗人员必备的专业技能，二是在实际职业生涯教育中容易被忽视的职业道德教育。职业道德素质包括职业道德认知、职业道德情感与职业道德行为，具体到实际工作中就是要遵纪守法、热爱工作、积极进取、善于沟通，自觉约束自己的职业行为。

就业准备教育是中等职业学校在学生未踏入就业市场前为中职学生搭建起一座连接中职学生职业规划方案与现实就业环境的桥梁，帮助中职学生为就业做好充分的准备。就业准备教育内容包括就业政策解读、就业现状分析、本学习专业就业现状、就业市场对专业学生的岗位需求等。此外，还应向中职学生介绍实用的就业求职技巧，如就业信息的筛选、简历制作、面试技巧、合同审核等，并且针对中职学生在求职过程中由于受挫等外在原因或自信心不足等内在原因产生的心理障碍等问题进行心理辅导，增强中职学生对社会的适应性。

创业教育是在面临严峻的就业压力与知识经济时代对中职学生创新能力与创新精神提出新要求的背景下产生的一种新教育理念。创业教育包括对中职学生创业意识、创业思维、创业技能等各种创业综合素质的培养。它通过开展系统性的职业生涯教育实践活动全方位提升中职学生的综合素质，促进中职学生的终身发展，改变目前中等职业学校职业生涯教育实践依然以就业指导、讲座宣讲就业指导政策的倾向或单纯的课堂教学等形式向中职学生灌输职业生涯规划的概念等状况。总之，应在实践活动、课堂教学、就业讲座等主要的职业生涯教育活动中融入职业认知教育、职业理想教育、职业生涯规划教育、职业素质教育、就业准备教育与创业教育，使中职学生获得全面发展。

三、全程性原则

职业生涯教育实践的全程性原则是指职业生涯教育不能仅集中在中职学生毕业前夕集中开展，必须在中等职业教育期间展开全程式的指导，从中职学生入学开始即贯穿于整个中等职业教育学习阶段，逐步向中职学生教授职业生涯规划的科学理念。职业生涯教育实践不同于传统的就业指导，它关注的对象不仅是要毕业的中职学生，而且要关注中职学生的整个职业生涯发展过程。不但要在毕业时给予他们必要的集中就业指导帮助，还应该从入学一开始就致力于培养中职学生的职业意识、职业道德观念、职业技能、职业心理的成熟与发展，促进中职学生形成正确的职业观、择业观和职业理想，并在不同的职业发展阶段开展不同内容与不同方式的职业生涯教育实践活动。另外，职业生涯教育实践的目标不单是要教会中职学生规划自己的学习生活与未来的职业生活，最重要的是教会中职学生职业生涯规划的方法，让中职学生学会在人生的每一个职业阶段都能够自觉地修正职业目标，调整职业发展方向，将每个职业阶段有机地衔接在一起，构成一个逐次递进的、完整的职业生涯发展链。

中职学生全程职业生涯教育坚持全程化的职业生涯教育理念，覆盖各年级的中职学生，帮助中职学生熟悉职业生涯教育的内容，探索职业兴趣，培养就业技能。中职学生入校第一年就对他们进行职业生涯基础教育，教师要提前对中职学生的性格、兴趣、能力、价值观等进行评估，提供"一对一"的个性化职业辅导。第二年，要根据中职学生的自身特点引导其进行自我评价，帮助他们理性选择专业。第三年，帮助中职学生了解求职的外部环境，参加社会实践和招聘会，让他们切身感受就业市场，帮助他们确定就业意向和进行职业潜能开发，最后形成完整的职业生涯规划。尤其是在毕业前夕，要辅导中职学生撰写求职信和个人简历，传授求职要领和面试技巧、如何签约等专门技能，以及为中职毕业生提供进入工作前的就业准备。同时，针对中职学生的多种需求，中等职业学校不但要面向全体中职学生的就业和创业开展实践指导，还要面向中职学生的升学、临时就业等进行实践指导。

四、专业性原则

专业性原则主要具有两层含义：第一层是指要有专门的职业生涯教育服务机构；第二层是指要有素质较高的、专业性较强的职业生涯教育师资队伍。发达国家诸如美国、德国、日本等国家从地方政府到学校层面都设立了专门的职业生涯教育服务机构，配备了专业化程度较高的职业生涯实践指导队伍。[1] 由于我国的职业生涯教育起步较晚，因此需要借鉴发达国家的先进经验，在中等职业学校设立专门的机构，配备专业化的职业生涯实践指导队伍。应设立"职业生涯教育服务中心"取代传统的就业指导单位，专门负责中职学生的职业生涯教育实践活动。该机构应是教学、科研、服务为一体的专业性指导机构。职业生涯教育服务中心的工作应从中

---

[1]田潇.日本职业生涯教育研究[D].天津：天津大学教育学院，2012.

职新生入学开始直到中职学生毕业走向就业岗位，贯穿中职学生的整个学习阶段。另外，服务中心要配备专业化程度较高的专职指导人员，这些工作人员必须专职从事职业生涯教育实践工作，保证充足的工作时间。服务中心工作人员还必须是相关专业出身或者持有相应的资格证书，并具有一定实践工作经验的专业人员。

五、针对性原则

中职学生的差异是普遍存在的。中职学生个体间的差异要求在职业生涯教育实践过程中必须因材施教，根据不同学生群体的特点采取不同的辅导方法。不同年级、不同专业的学生在性格、气质特征、思维方式、职业能力倾向等方面也存在着很大差异，因此职业生涯教育实践要重点体现出年级和专业的差别，针对不同专业和不同年级的中职学生制订不同的职业生涯教育实践模式。另外，针对中职学生个体间的差异，中等职业学校除了面向全体中职学生开展职业生涯教育实践活动外，还要采用"一对一"或者小组咨询的形式帮助中职学生完成自我测评，对中职学生存在的心理困惑进行心理辅导。由于在中职阶段学生的气质、性格、职业兴趣与能力以及职业价值观基本趋于成熟，所以这一时期的自我认知结果很具参考价值。职业生涯教育教师应带领中职学生系统地进行性格测评、职业兴趣测评、职业能力倾向测验以及职业价值观测验，使中职学生形成科学的自我认识，成为后续专业选择和职业选择重要的依据。

第二节　构建系统化的职业生涯教育实践内容体系

中职学生全程职业生涯教育实践体系的主要内容由主题活动、搭建职业生涯教育电子平台、就业指导、创业教育、职业生涯咨询、职普融通、职业生涯设计大赛、职业生涯教育推进研讨会八种形式构成。

一、主题活动

主题活动主要分为主题竞赛和主题实践活动，旨在让参与主题活动的中职学生在亲身经历某项职业的过程中有所感悟，以达到职业生涯教育实践的体验效果。主题活动的设计力求切合中职学生的生活实际，多角度、深入地进行职业生涯教育实践体验，激发中职学生职业发展的内驱力，提升他们对职业生涯规划的主动性，增强其在职业发展过程中的综合素质。

二、搭建职业生涯教育电子平台

中等职业学校可以充分利用互联网平台开设校内的职业生涯教育实践网络专版，为中职学生提供全方位的职业生涯教育服务，这将有利于学校与学校之间的交流、联系和信息资源共享。同时，也可以将中职学生职业生涯教育测评系统与互联网技术相融合，构建学校之间的云平台，帮助中职学生科学了解自己的气质性格、兴趣和能力，明确自身现状与理想职业或专业之间存在的优势及不足，使中职学生能够合理地进行职业生涯规划。

通过校际之间搭建电子平台，可以扩大中职学生的职业认知、职业探索和职业规划的范围。中等职业教育阶段的职业认知内容分为四部分：专业及职业介绍、国家职业资格标准介绍、创业教育和职业道德与法律法规教育；职业探索部分的内容与初中阶段大有不同，由于中等职业教育三年级的学生直接面临升学的专业选择与职业抉择的问题，需要指导中职学生如何进行专业、行业、职业与企业探索，并且逐渐缩小职业探索的范围，逐步确定自己的专业与职业目标；关于职业规划部分，在培养中职学生的职业规划能力时要注意对学生求职技巧的训练，培养学生健康的职业心理，帮助中职学生在未来面对工作中不被重用、工作压力大、社会支持低等困难时采取合适的应对措施，提高中职学生未来的职业幸福感。

三、就业指导

就业指导是职业生涯教育实践体系中非常重要的一部分。中职学生除了要掌握必要的专业知识之外，还必须有一个正确的择业观，懂得求职就业的相关知识和技巧。因此，就业指导应以帮助中职学生实现就业为目标，以求职知识和技巧为主要内容。要使中职学生充分认识我国当前的就业形势，转变落后的就业观念，处理好个人与社会、理想与现实等关系，掌握自谋职业的方法和途径。帮助中职学生在摸清当地经济特点和就业市场的情况下，根据自身的实际情况做出正确的职业选择，找到适合自己的职业。

就业指导目标的确立要强调预测性、预防性、个性化与参与性。从广义上讲，就业指导最根本的目标首先是促进中职学生的充分就业，在此基础上再倡导中职学生个性的张扬与发展。因此，就业指导工作的目标可分为初级目标、中级目标与高级目标三个层次。就业指导的初级目标是帮助中职学生实现就业，尽可能使中职学生顺利转变为职业人，以免毕业即失业，可称之为生存型就业；中级目标是帮助中职学生寻求匹配度较高的职业，可称之为和谐性就业；高级目标是培养中职学生自主职业发展的意识、理念及能力，以谋求长远的职业发展，可称之为发展性就业。

四、创业教育

创业教育是培养中职学生的创业意识、创业思维、创业技能等各种创业综合素质，并最终使中职学生具有一定的创业能力的教育，它是为社会创造财富和为个人开辟新生活道路的职业生涯教育实践活动。在中等职业学校中大力推行创业教育是时代发展的要求，是一条缓解中职学生就业压力的新途径，也是中职学生在激烈的市场经济大潮中求生存、求发展的有效途径。目前，我国中等职业学校对学生进行的主要是就业教育，创业教育的不健全不仅严重制约了中等职业学校的发展后劲，也降低了中职学生的职业竞争力和综合素质。针对中职学生创业意识薄弱、创业能力先天不足的问题，在创业教育过程中应把重点放在中职学生创业意识的树立、创业品质的培养、创业知识的学习、创业能力的形成上。同时，应以创业教育为中心对中职学生进行必要的礼仪教育、人际关系教育、挫折教育。

五、职业生涯咨询

职业生涯咨询是对劳动者职业选择、职业生活设计或职业能力开发的商谈与咨询指导。通过职业生涯咨询可加深中职学生对自我能力、性格的理解，了解企业和社会，发现与自己匹配的工作，通过相应的资格考试，从而明确自己的职业规划。一套完整、科学的职业咨询体系主要包括知识咨询、方法技巧咨询与心理咨询。知识咨询主要是为职业生涯方面理论知识欠缺的中职学生提供的职业咨询与指导服务；方法技巧咨询主要为中职学生提供职业生涯规划方法、就业程序与就业技巧等方面的职业咨询服务；心理咨询主要是针对部分中职学生存在的心理障碍与心理困惑，根据中职学生职业心理发展的规律，着眼于职业生涯发展的全过程，帮助中职学生解决学习、生活与职业选择过程中存在的心理困惑，以建立与其职业生涯发展相适应的心理模式。

六、职普融通

职普融通就是要求中等职业学校积极与普通高中和普通高等院校建立密切的合作关系，与普通高中和普通高等院校共建适合中职学生开展职业技能训练和职业知识学习的体验中心，确保在中等职业学校就读的学生在校内和校外都能参加职业教育和高等教育的职业生涯教育实践活动，增强中职学生的综合就业能力。

七、职业生涯设计大赛

中等职业学校作为学生实现自我、服务社会的孵化器，对中职学生未来的成长起着至关重要的作用。职业生涯设计大赛旨在激发中职学生对未来的认真思索，并在此基础上根据职业生涯设计的理念和科学方法制订切合实际的职业生涯发展规划。中等职业学校应定期或不定期地开展各种职业生涯设计大赛，针对不同专业设计不同的职业生涯发展主题，让中职学生在职场模拟中体会不同角色的职责，了解不同职业必备的素质要求，从而保证中职学生能够合理规划自身的职业生涯。

八、职业生涯教育推进研讨会

为了推动中职学生全程职业生涯教育实践的深入开展，进一步在全国中等职业学校范围内普及实施，学校牵头定期举办职业生涯教育推进研讨会。以职业生涯教育推进研讨会为依托，使学校、家庭、地区及产业界相互认识到各自在中职学生全程职业生涯教育实践过程中所发挥的作用，共同推进职业生涯教育的发展。职业生涯推进研讨会的主要内容包括两个方面：第一，针对中职学生关心的就业问题展开研讨，提升中职学生及各利益相关主体的职业生涯教育知识；第二，促进各利益相关主体准确掌握中职学生的职业生涯发展情况，提升职业生涯教育实践的质量，根据中职学生的需求对中职学生进行职业支援与指导。

总之，建立体系化、制度化的职业生涯教育实践体系意义重大。深入开展职业生涯教育实践工作，可以从职业设计、人生规划的高度去认识和把握就业行为，提高中职学生就业成功的机会。要把职业生涯教育实践贯穿于教育的全过程，贯穿于中职学生的学习生涯和人生规划当中。要在中职学生中普遍开展个性化、专业化的职业生涯教育实践活动，让中职学生了解自己的兴趣、特长和能力等职业特征，并根据中职学生的不同要求和不同条件等进行分类指导，有针对性地做好职业咨询和职业指导。同时也要针对中职学生中的弱势群体开展"一对一"的职业辅导和心理引导，鼓励他们增强自信心，提高职业生涯规划能力，这样才能帮助中职学生顺利实现就业，很好地适应社会的发展和就业的需要。

第三节 中职学生全程职业生涯教育教学的实施模式

职业生涯教学是中职学生全程职业生涯教育实践体系的核心内容。学校应把全程职业生涯教育纳入学生培养计划，贯穿整个学习过程，落实职业生涯教育的全程性。中等职业学校进行职业生涯教育应贯穿中职学生学习生活的始终，并在不同的年级制订不同的职业生涯教育教学目标，实施具有针对性的职业生涯教育教学，从而为中职学生步入社会后的职业生涯发展做好充分的准备。

职业生涯教育的阶段性教学模式按照年级分为三个阶段，每一阶段都有不同的职业生涯教育教学内容。

一、中职学生全程职业生涯教育教学的分阶段实施模式 [2]

（一）中职一年级——测评素质，初拟规划

开设职业生涯规划相关课程，让中职学生认识社会经济形势和企业发

---

[2]引自重庆市女子职业高级中学《课程开发、活动引领、双向互动——中职学生全程职业生涯教育改革与实践教学成果报告》。

展趋势，具备职业生涯规划的基础知识和基础技能。通过专业测评工具分析中职学生的性格、气质、兴趣、能力和特长等基本情况，帮助中职学生发现自我、认识自我。在职业生涯教育教师的指导下帮助中职学生学会初拟职业生涯规划方案，参加职业生涯规划设计展评活动，初步具备科学规划职业生涯的能力。

中职一年级属于职业生涯发展的准备期。准备期要求中职学生尽快适应新的环境，增强独立生活的能力，尽早融入中职的教育生活中，为他们的学习做好充分准备；要使中职学生对职业生涯发展有一个基本的认识，认识到职业生涯发展对未来人生的重要性。简单了解与自己所学专业相对应的职业内容，具备一定的职业意识；帮助中职学生认识自我，找到未来人生的定位和发展方向，设计未来三年的学习生活，认清现代社会的就业形势，进行简单的职业生涯设计；为中职学生介绍学校的职业生涯教育中心，让他们了解该部门的用途和作用，使学生在遇到问题的时候能够获得有效帮助；让中职学生了解未来社会对技术技能人才的需求，明确除专业知识外所应具备的综合素质能力，比如人际交往能力、协作能力和交流表达能力等；带领中职学生参观实习的场所，听取相关专家对他们所选职业的介绍，并让其与高年级的学生进行交流，听取各方面的建议。

由于刚刚入学的新生才进入新的学习与生活环境，对一切都比较陌生，因此这一阶段职业生涯教育的主要任务应是让中职学生进一步明确所学专业与相关职业的关系，了解职业的演化、发展、分类及职业岗位对人才的要求，初步认识职业生涯规划，从而确定自己的职业生涯发展目标，根据自身的个性特征与相关能力建立自己的学习计划，尽快适应新的学习生活。具体来讲，生涯初始教育的主要内容为：第一，职业生涯规划的含义、要素、步骤、意义。第二，理想教育，主要将中职学生的人生理想教育、价值观教育与择业观教育联系在一起，对新生进行世界观、人生观、价值观与独立人格的教育。第三，职业岗位认识教育。通过职业岗位认识教育，增强学生对所学专业的认同度，对所学专业与未来职业的关系有一个清晰的概念。通过职业岗位认识教育向中职学生系统介绍本专业的就业情况，可增强中职学生对所学专业的认识，了解与所学专业相关的未来职业岗位能力要求和职业道德要求，培养中职学生的职业责任感。第四，专业调适教育。向中职学生介绍专业学习方法，并帮助新生尽快完成角色转换，适应新的学习环境。通过向中职学生介绍本专业的课程设置及能力要求，认识所学专业的过去、现在以及未来的发展趋势，培养中职学生的专业认同感。总之，中职学生入学的第一年主要是对未来的职业生涯发展打好基础，从认识自我、认识职业、认识未来工作的环境开始，明确未来的职业生涯发展方向。

（二）中职二年级——体验职业，优化规划

学校开设求职指导课，每个月安排一天"职业体验日"，让中职学生走进特定职业岗位，体验岗位内涵，明晰职业方向。组织中职学生进入相关企业调研，深入企业基层进行岗位见习，明晰岗位的工作特征、素质要求和职位进阶路径。随着中职学生的职业生涯规划与岗位需求的发展变化，职业生涯教育教师要帮助学生适时优化职业生涯规划方案，捕捉职业生涯发展进阶的转折点。通过这一阶段的学习，中职学生可具备结合实际情况优化职业生涯规划的能力。

中职二年级的学生已进入了专业学习的准备阶段，个人的专业发展方向定位十分重要。这一阶段的职业生涯教育教学应该在完成前一阶段任务的基础上对中职学生着重进行人生规划教育，指导他们进行职业兴趣、职业能力、职业倾向测试，帮助他们分析自我特长、优势和局限，了解自己的心理、性格特征和合适的职业范围。了解专业发展方向，初步定位个人以后的职业发展方向，制订出个人的职业生涯规划方案。第一，自我认

知教育。在专业指导教师的帮助下，通过职业心理量表的测试，对自己的职业兴趣、职业能力、职业倾向等有一个科学的认识。制订职业生涯规划方案，初步确立职业发展目标。在了解职业生涯规划理论基础上依据个人的教育经历、社会和家庭背景、实践经历，并在结合目前我国就业政策与就业形势的基础上撰写出符合自身实际情况的职业生涯规划书。在每个中职学生都制订出职业生涯规划书以后，在课堂上展开分组讨论，结合教师与同学的意见进行修改与完善，最终制订出一套科学的、行之有效的职业生涯规划方案，初步确定自己的职业定位。第二，职业咨询教育。职业咨询教育包括职业规划辅导与职业认知心理辅导，通过开展职业咨询教育，一是帮助中职学生正确认识自己，提高社会交往能力；二是在面临职业困惑与就业挫折时为中职学生提供专业心理教师的辅导，及时为他们解决心理困惑，排除不利于中职学生职业发展的心理障碍，保持健康向上的职业心态；三是在专职就业指导教师的帮助下结合就业市场的人才需求趋势，尤其是和本专业相关的岗位需求，及时调整职业生涯规划方案。第三，择业观教育。通过模拟招聘会、就业指导讲座和就业训练营等活动以及专业教师和同学的评价，帮助中职学生正确对待就业、认识自我，树立科学、合理的职业发展目标，及时纠正好高骛远、只注重经济因素的择业观念，将符合兴趣与发展职业能力作为择业的重要参考标准。第四，职业道德教育。职业道德教育可使中职学生掌握职业道德的基本规范，建立爱岗敬业、遵纪守法、诚实守信、和睦、团结协作、服务社会、勇于竞争、不断创新等意识，培养中职学生高尚的职业道德。

在这一阶段还要让中职学生进一步深入了解自己的兴趣、性格和能力，并与未来想要从事的职业进行比较。例如，教师要给中职学生介绍帕森斯的人职匹配理论、霍兰德的六种人格类型测试等，让中职学生从不同的角度对自身有一个全面的了解，以更好地去规划自己的人生；加强中职学生专业课程的学习，掌握专业技能，让他们在了解自己的基础上有目的、有重点地学好自己感兴趣的几门课程，不断完善自己的专业知识，做到有的放矢，进一步明确自己未来的职业发展方向和目标；弥补自己在综合素质上的不足，进一步增强自信心，提高自我效能感，培养如抗挫折能力、情商、乐观的精神态度、自控能力、务实精神等良好的职业品质，努力完善自我，成为德才兼备的优秀职业人才；教师还应引导中职学生参加社会实践，因为只有在实践中学生才能够认识到职业生涯目标的合理性，从而为进入职业领域积累更多的经验。在教学实践中，中职学生还可以重新审视自己在刚入学时所设定的职业生涯发展目标，根据对自我的重新认识以及专业知识的掌握情况及时对职业生涯规划进行修订。

（三）中职三年级——实战职场，动态规划

中职学生在走上实习岗位后，学校实行全程跟踪管理模式"一对一"地给学生提供实习指导。指导教师根据中职学生在实习过程中职业认知和职业发展的思想变化情况指导中职学生动态修改职业生涯发展规划，使之更符合职场的实际要求，更加明确自己的职业生涯发展方向。在实习完成前，学校要为学生提供就业技能培训和就业推荐服务，让中职学生把握符合职业生涯发展规划的就业机会。这样，中职学生就可以通过企业实践最终熟练掌握动态修改职业生涯规划的能力。

中职三年级是学生最为忙碌的冲刺阶段，时间极为有限，毕业前夕还有短期集中就业指导。经过两年的职业生涯教育，中职学生心中已有一个初步的职业生涯发展规划方案。中职三年级开展职业生涯教育的中心议题是缩小职业探索的范围，教师在有限的时间里进一步鼓励中职学生把职业理想和学科学习挂钩，让中职学生理解未来的职业理想是要靠不断掌握知识和获得能力来实现的，激励中职学生出色地完成学业，为走向职业生涯做准备。在中职三年级这一阶段，学生要进入企业进行实习，将自己前两年所学习的知识应用于实践，再从实践中巩固已经学到的理论知识，因此，应重点帮助学生树立正确的择业观。现代社会就业压力越来越大，学生如果不能树立正确的择业观就必然走入就业误区。一方面应该对中职学生进行职业道德和择业观与创业方面的教育，使其转变就业观念，树立正确的择业观，让自己的职业理想与社会需求相吻合。另一方面中职学生应根据自己的职业生涯发展规划有计划地进行择业，循序渐进地实现职业生涯发展目标和职业理想；对中职学生进行有关就业政策的讲解，让中职学生了解自己步入社会后应该享有的权利和履行的义务。例如，对中职学生在这一阶段进行诸如《劳动法》和《劳动合同法》的有关规定讲解，以及简历制作和应聘与面试技巧的讲解。职业生涯教育教师可以将以往做得比较好的简历给中职学生做参考，同时给他们讲解一份优质简历的组成和关键部分。同时聘请企业方面的专业人士或已毕业的校友来讲解他们应聘与面试的技巧等，对面试的程序、礼仪以及面试过程中应该注意的细节和可能会遇到的问题，以及如何作答等进行必要的指导。中等职业学校的教师要督促中职学生对前两个职业生涯教育阶段进行总结，确认自己是否明确了职业生涯发展目标，是否对步入社会做好了充分的准备。职业生涯教育教师要提高学生的自信心，让中职学生满怀对未来职业发展的希望参加工作，去实现自己的人生理想和职业目标。总之，这一阶段主要是让中职学生了解就业政策，学会求职择业的技巧，摆正自己择业的心态，根据就业市场的需求结合自己的职业生涯发展目标做出适合自己的职业选择。

总之，中职学生这三年的主要任务是：一年级，适应学校生活，了解自己的专业，了解自我，初步确立职业生涯发展方向。二年级，进行职业探索，夯实专业技能知识，进一步认识自己，培养自己的综合素质，确立职业生涯发展的目标。三年级，进行实践学习，将自身所学应用于实践，在实践中检验真理；同时树立正确的择业观，学习基本的择业求职技巧，将自己的人生目标和社会需求结合起来。简而言之即一年级探索，二年级准备，三年级应用；一年级适应，二年级发展，三年级实践。在中职三年的时间里，职业生涯教育的三个阶段有机连接，相互贯通，形成了较为完整的职业生涯教育教学模式。分阶段、分重点，内容系统，具有针对性，能够实现中职学生的可持续发展。另外，各中等职业学校应结合实际制订出一系列职业生涯辅导工作的考核评估方法，使职业生涯教育工作及其相应的考核评估体系更加规范化、系统化和科学化，从而推动中等职业学校职业生涯教育教学工作开创新的局面。

二、中职学生全程职业生涯教育教学的分模块实施模式

（一）专业与职业认知模块

在对中职学生进行职业生涯教学时，特别是对刚入学的学生应着重专业认识模块的教学。职业生涯教育教学要帮助中职学生了解他们所选择的专业，明确专业学习和未来职业之间的关系，同时使他们了解专业学习的内容、将来的就业领域和方向以及与该专业相对应职业未来的发展状况，让中职学生有目的性地去学习，为将来的职业生涯发展做好充分的准备。职业生涯教育教师可以通过让学生参观工作场所，让他们对未来工作的环境以及工作任务有一个清晰的认识，同时让学生明确专业设置的培养目标，让他们在专业学习上有一个明确的发展方向。

职业是从业人员为获取主要生活来源所从事的社会工作类别，是社会分工的产物，属于社会实践范畴，是人类最基本的社会活动，是学生日后独立于社会的基本条件，是个体赖以生存的社会活动。了解职业是职业生涯教育的基础，因此教师要引导中职学生认识职业行为对个体的意义，以及把握职业群的时效性和全面性，目的是帮助中职学生尽早了解职业内涵和职业精神，建立正确的职业观，树立职业意识和职业理想，培养敬业的

良好职业道德，同时引导中职学生认识职业行为对个体的意义。教育学认为非智力因素是个体成才的动力系统，我国教育方针所指出的教育培养目标是德智体美全面发展的社会主义建设者和接班人。社会人是个体的最终角色，而达到社会人的直接途径就是通过职业的发展来培养个体的上述特质。所以职业生涯教育教学要重点关注职业意识、职业理想、职业道德的教育。

第一，职业意识教育。其内容主要是引导中职学生理解职业对社会发展、自身生存的意义，社会发展和科学进步拉动职业演变对从业者终身学习的要求，选择专业和职业对今后人生道路的重要意义。职业不仅是个体终其一生的谋生手段，也是个人发展的需要，个人发展与社会发展是相统一的。

第二，职业理想教育。职业理想教育的目的在于引导中职学生挖掘潜能，深化学习目的，形成奋发向上的动力。其主要内容是让中职学生在了解自己、了解社会的基础上确立符合实际的职业理想，符合社会和个人的实际需求，能制订具体的职业发展阶段目标并付诸实践，挖掘中职学生潜在的内驱力，提高实现职业理想的信心。职业理想是指中职学生对未来职业表现出来的一种强烈的追求和向往，是中职学生对未来职业生活的构想和规划。职业理想是当代中职学生思想政治教育的核心内容，是形成中职学生正确的世界观和价值观的基础。崇高的职业理想是个人成功的导向标，是提高中职学生综合素质并使之乐于从业的思想保证和前提条件。中职学生在学习生活中如果没有正确的职业目标，学习的热情就会低落，学习的效果便会不佳。而一个人一旦树立了远大的职业理想，在精神上就有了支撑，就有了坚强的意志，不论遇到多大的困难和挫折都能坚持不懈、百折不挠。因此，中职学生职业生涯规划教育教学的重要内容是职业理想教育，引导学生明确职业理想的内涵、职业理想对职业生涯发展的作用以及如何根据个人需求与社会需求树立正确的职业理想。

第三，职业道德教育。职业道德教育的目的在于引导中职学生在理解职业道德内涵的基础上了解职业人需要的道德行为习惯。其主要内容是帮助学生理解职业道德的内容和重点，使中职学生懂得遵守职业道德对社会、个人发展的意义。

第四，了解职业群。中职学生能否科学规划职业生涯在很大程度上取决于他们对职业世界和劳动市场的把握。职业生涯教育教学过程中，对职业的认识要着眼于宏观职业群的介绍。中职学生只有在较广的层面上对职业有所了解，才能真正培养他们的职业意识，发现自身的职业兴趣所在，从而为将来理性选择职业做好充分的准备。在职业生涯教学过程中，教师还要帮助中职学生理解各种职业群的特点，包括各类职业群所需要的知识结构，各种职业群与具体学科的关联等；分析职业对于个人和社会的意义，了解各职业群的就业方向以及发展趋势，同时教导中职学生对将来所从事的职业尽职、尽责，帮助学生在青少年时代就形成良好的职业态度。

（二）自我认知模块

职业生涯规划的第一步就是要全面、正确、客观地认识自己，从而根据自己的情况进行准确的职业定位，选择适合自己的发展道路。虽然中职学生会对自己的气质特征、能力、兴趣等情况有一定程度的了解，但是这种了解带有很大的主观成分，是否科学、准确、客观尚待商榷。因此中等职业学校必须为中职学生提供测评服务，借助心理测量学科的理论、方法与科学的测量手段指导中职学生进行测评。中等职业学校要通过建立测评机构完善测评手段、提高测评水平，不断为中职学生提供科学、准确的测评服务。个体的职业生涯发展本身是一个自我设计与创造的奋斗过程，帮助中职学生正确认识自我是职业生涯教育的关键。个体如果无法客观评价自己，那么关于职业生涯的规划就是不科学的。尤其是中职阶段的学生，对自我的把握容易主观和偏颇，对自己的职业兴趣也不清楚，因此引导中职学生正确认识自我是职业生涯教育成功的第一步，它有助于循序渐进地引导学生逐步关注职业生涯，将自我认知与未来职业生涯挂钩。

中职学生在中等职业教育阶段是认识自我和完善自我的最佳时期。在该模块的教学过程中，教师要有意识地培养中职学生对自我的认识和积极的自我概念，认识自己的个性倾向性和心理特征。中职学生的职业选择应与个人的兴趣一致。兴趣是一个人积极探索某种事物的认识倾向，是引起和维持注意的重要内部驱动因素。兴趣可以提高个体的工作效率，是行动的动力，推动着职业发展的成功。在职业生涯教学中，教师要让中职学生认识自己的兴趣，并把它与自己的职业进行匹配。只有这样学生未来的职业才能获得良好的发展，个人也更加容易找到自己的职业锚。不同的职业对从业者的性格要求不同，一个人从事的职业与他的个性相适应，工作起来就会得心应手，容易取得成功；相反，如果职业与性格不适应，性格就会阻碍工作的顺利开展，影响一个人的职业生涯发展。所以，职业生涯教育应帮助中职学生认清自己的性格特征，了解自己的性格特征适宜的职业，进而科学地对职业生涯发展进行规划。目前心理学界对人的性格研究主要采用两个量表，一是霍兰德的六种人格类型，另外一个是卡特·荣格的MBTI测试。每一种量表侧重的角度都不同，所以分析一个人的性格需要将多种量表的结果进行综合考虑，再加上同学、老师和亲人的评价，这样才能全面评价一个人的性格特征。

总之，职业生涯教育教师要通过各种方法来帮助中职学生了解自己的性格，认识到该性格特征与其匹配或近似的职业。[3]自我评估就是在中职学生认识自我的基础上对自己进行的一个客观、全面的评价。自我评估的目的是要找出自己的优缺点，同时与社会职业的要求进行对比，找出

---

[3]吕显然.日本职业生涯教育研究及启示[D].青岛：青岛大学，2014.

自己在职业素质方面的欠缺，一方面在寻找工作的时候尽量避免自己的短处，另一方面要对自己的缺点有计划地进行弥补。中职学生对自我的认识和评价影响着他们对事物的判断与做事的方式、方法。在该模块的教学过程当中，中职学生不仅要认识自己，同时教师也要尽可能地了解每一个中职学生的优势与不足，根据每个中职学生的特点在其优势方面加以引导，让他们的优势得到更好的发挥，对不足之处要帮助学生克服。对于一些自我效能感较差的中职学生，教师要在教学过程中通过各种方式来增强他们的自我效能感。

（三）职业生涯规划模块

马斯洛的需要层次理论指出：每一个人都有实现自我的需要。职业生涯规划便是实现自我需要所应做的准备。该模块的教学内容主要包括职业社会认知、职业生涯规划等。通过此模块的学习可使中职学生认识职业，了解职业世界，掌握职业测评方法，了解职业生涯理论与生涯规划的基本概念，掌握职业生涯规划制订的程序和方法，并形成初步的职业生涯发展规划，确定人生不同阶段的职业目标及其相应的生活模式。在本模块的教育教学过程中，教师应该教会中职学生如何根据个人的特点进行职业生涯规划，并让他们在中职三年的生活中进行实际的生涯规划，于离校之前对其规划进行评估，然后帮助他们进行修订，这样才能够让他们真正明白职业生涯规划的方法和具体实施过程，从而也让他们真切体会到职业生涯规划对他们的影响。在职业生涯教育教学过程中，教师要帮助中职学生对自己有一个客观的评价。

（四）社会环境分析模块

在职业生涯教育教学过程中，教师要让中职学生学会在进行职业生涯规划过程中对社会环境进行科学分析。首先，要对社会职业状况进行了解，即包括相关职业的发展与需求状况，社会环境对自己的有利条件与不利条件，自身就业与社会环境需求之间的差距以及不同职业的工作环境、相关要求及性质等。就业政策也是中职学生应该了解的一个主要方面，国家的大政方针、地方的就业政策都会影响中职学生未来职业生涯的发展。同时，教师也要为中职学生介绍不同职业发展的层次以及每一层次应该达到的基本要求。在中职学生了解外部社会经济环境的同时，教师还要锻炼中职学生搜集职业信息的能力，让他们主动了解相关职业的信息，关注劳动市场的发展趋势。

（五）决策技能模块

在职业生涯规划过程中，既有长期职业目标，也有短期职业目标。教师要让中职学生学会确立适当的职业目标。在职业生涯教育教学过程中，教师要让学生首先做一个长期的目标即 5~10 年的目标，然后再把长期目标划分为几个中期目标和短期目标，最后分解为可以具体实施的小目标。此外，还要让中职学生学会寻找妨碍职业目标达成的因素和存在的问题，并根据这些问题制订对策，同时要保证策略具体可行、容易评价。

（六）评估和反馈模块

教师一定要让中职学生认识到职业生涯规划的制订不是一劳永逸的，而是需要不断对策略方案和目标进行修正的。因为在实施职业生涯规划过程中总是存在着一些不确定的因素，可能会使中职学生现在的职业生涯发展目标与原来制订的职业生涯目标有所偏差，这就需要中职学生在此过程中及时针对职业生涯规划的目标和行动方案做出调整，从而保证职业生涯规划顺利进行下去，成功实现职业理想。在职业生涯规划完成之后还要对本次规划进行评估，找出其中的不足，为以后的职业生涯发展提供借鉴。该模块教学内容的实施并不是简单通过教师的讲授就能让中职学生达到最好的学习效果的，也不是用一段时间就能让学生真正明白职业生涯规划的制订过程的，所以该模块的教学要贯穿于中职学生三年的学习生活中。同时要让中职学生具体进行一次职业生涯规划，教师要从他们制订职业生涯规划伊始就进行指导，监督他们实施职业生涯规划的全过程，并在毕业前夕对学生的职业生涯规划进行评价和反馈，以便他们在步入社会之后能够制订一份科学的职业生涯规划。

（七）求职模块

教师应帮助中职学生掌握最基本的求职技巧以及在面试过程中应该注意的问题。中职学生不仅要夯实自己的专业知识，同时还要了解求职过程中应该注意的事项，主要包括三个方面：第一，面试前的准备工作，准备要告诉对方的内容，准备回答对方的提问，准备自己要提问的问题以及了解用人单位的基本信息；第二，面试礼仪，要注意着装、形象以及最基本的礼仪；第三，面谈、面试的技巧，例如倾听的技巧、语言表达的技巧和回答问题的技巧等。

这一模块的职业生涯教育的主要任务是为中职毕业生服务，进一步提高毕业生的就业能力。在中职学生已经基本完成了专业课学习的情况下，他们具备了一定的专业基础知识与专业技能，因此这个阶段职业生涯教育的重点是帮助中职学生进一步强化专业意识、提高专业技能，培养与发展与其职业目标相关的职业素质。要根据中职学生在择业期的特点及在择业过程中遇到的困惑对他们进行就业政策、就业信息和就业技巧等方面的指导。

具体来讲，第一，进行职业能力培养教育。要强化专业课程实践能力培养教育，并且根据技术领域与职业岗位的任职要求开展国家职业资格证书考试培训教育，增强中职学生的就业竞争力。第二，就业政策指导。通过就业政策介绍使中职学生了解国家颁布的相关就业政策与地方性就业政策法规，通过指导中职学生学习相关的劳动法规保证他们在今后的职业生涯中遇到自身的合法权益受到侵害时能够用法律的武器维护自己的合法权益。第三，就业信息指导教育。对中职学生进行就业信息指导教育是整个职业生涯教育教学中的一个重要环节，就业信息指导教育质量的高低在一定程度上关系着中职学生职业目标的实现。教师不但要为中职学生提供实时的用人单位人才需求信息，还应该教会中职学生如何通过各种途径收集就业信息，并且对整个就业市场状况的人才需求信息学会自我分析，逐步培养中职学生的就业信息处理与分析能力。学校还要积极架设中职学生和用人单位之间的桥梁，为中职学生提供更多的实习机会，增强中职学生的实践能力，在实践中逐步完成自身的职业探索。另外，教师通过组织中职学生参观就业市场、与用人单位直接沟通、观摩供需见面会等，让中职学生真正了解企业的用人标准，并找出自身条件与企业用人标准之间的差距，在以后的学习中有的放矢，及时调整专业技术理论知识结构，增强自己的实际操作能力，形成社会需求与个人职业生涯目标之间的良性匹配。

第四，就业技巧指导。通过就业指导课程与模拟人才交流中心等途径指导中职学生掌握求职的方法与技巧，如简历制作技巧、自荐技巧、面试技巧、求职服饰及礼仪指导等。可以通过邀请用人单位人力资源部门人员讲解或者往届优秀毕业生现身说教等方式让中职学生获得更为直观的经验。

第五，就业心理咨询服务。随着就业形势的日益严峻，中职学生面临的就业压力也越来越大，在择业过程中产生的择业心理问题也日益普遍，各种心理障碍与心理疾病严重影响着中职学生顺利实现就业。因此，学校要根据学生在择业过程中的心理特点和择业中暴露出的心理问题加强择业指导过程中的心理辅导，对于中职学生在择业过程中出现的自卑感、受挫感等心理障碍进行疏导。第六，入职指导。中等职业学校应该教育学生树立职业角色意识、独立意识、主人翁意识和协作意识，在工作中做到安于本职、甘于吃苦、虚心学习、勤于思考，逐步适应社会与工作环境，与他人建立和谐的人际关系。同时，学校也要积极邀请企业人力资源部门的主管介绍企业的人事制度与工资、福利制度。第七，职业生涯规划调适教育。根据就业市场的变化与中职学生个人情况的变化对中职学生前一阶段制订的职业生涯规划书进行适当的调适，不断地增强职业生涯规划书的可操作性及其与持续动态变化的现实就业市场的匹配性。

（八）创业教育模块

目前，世界正处于知识经济时代，高新技术产业的迅猛发展为创业提供了广阔的空间。知识经济时代的教育不仅是就业教育，而且应该是创新、创业教育。所以职业生涯教育的一个重要模块就是对中职学生进行创业教育。教师在进行创业教育的过程中要注重培养中职学生的创业意识，包括创业动机、创业兴趣、创业理想、创业意志的培养，教师要引导中职学生不断创新；注重创业知识的传授，要让中职学生懂得基本的商业知识（如商品流通知识），具备一定的管理知识和相关的法律知识（如工商注册登记、经济合同和税务等法律知识）；注重创业素质和能力的培养，要不断锻炼中职学生的学习能力、开拓创新能力、组织领导能力、协调能力、交际能力和心理承受能力等。

（九）升学指导模块

部分中等职业学校毕业生将会进入高校继续深造或者进入社会培养机构接受短期培训，这部分中职学生就涉及报考志愿的问题。经过三年的积累和学习，中职学生根据对自我的认识和对职业群的了解来填报专业，唯一需要进一步指导的是所选职业群中不同专业的具体情况，包括了解各大高校的办学规模、师资情况、教学质量、学校声誉、管理及其自身的优势和劣势，了解各类专业的适合人群、就业方向及发展趋势。关于这些极为具体的专业了解事项，主要是通过学生个别咨询实现的。同时填报志愿也涉及很多的方法和技巧，包括搜集信息的方法和技巧，这是在职业生涯教育教学中需要统一传授的。还要引导中职学生结合自身的实际情况及社会发展的需求，不单纯以自身的兴趣和喜好为依据，关注社会政治经济的发展和变化，选择真正适合自己的学校和专业。针对要升学的中职学生，学校还要为其报考和升学提供咨询服务，并且根据学生个人的职业理想、性格特点、智力水平、家庭情况等综合因素帮助他们选择报考专业与学校。

三、职业生涯教育教学的方法

教学方法是教学过程中教师和学生为实现教学目标、完成教学任务而采取的教与学相互作用的活动方式的总称。在职业生涯教育教学内容确定之后，教学方法选择的好坏就成为能否实现教学目标的关键。一般来说，中职学生职业生涯教育教学方法因教学内容而异，主要包括五种主要的教学方式。

（一）讲授与讨论

讲授和讨论是职业生涯教育教学当中最常用的教学方法，也是传递职业生涯知识最直接的方式。在职业生涯教育教学过程中，教师通过讲授关于职业生涯发展的相关知识，可以让中职学生了解职业、职业群、职业生涯等相关概念。教师在教学过程中要善于引导，向中职学生就职业生涯发展提出问题，让学生之间进行交流和讨论。在职业生涯教育教学过程中，教师是主导者，中职学生是主体，讲授和讨论的教学方式更应体现二者的地位，让学生学会思考问题，允许他们尽可能表达自己的观点，而不是被动接受职业生涯教育的理论知识。

（二）模拟演练

职业生涯教育教学的目的是让中职学生更好地融入社会，其本身具有很强的实践性。通过模拟演练的形式来开展职业生涯教育契合了职业生涯教育教学本身的实践特性。例如，教师在面试模块的教学过程中可以采用模拟教学的形式来进行。教师可以把教室布置成面试的场景，聘请企业的专家来做面试官，营造仿真的面试情境，让中职学生去体验面试过程的所有环节。这样可以让中职学生提前适应面试情境，提高其心理承受能力和随机应变的能力。

（三）范例分析

范例分析是教师在职业生涯教育教学过程中，通过为中职学生介绍成功的典型案例进而引导和激励中职学生，使他们具备成功进行职业生涯发展的目标和信心。范例分析的教学方法可以在职业生涯规划模块、创业教育模块中使用。教师所找的范例既可以是一些社会知名的、相关领域成功人士的职业发展经历，也可以是中等职业学校往届职业生涯发展成功的学生。对于前者需要教师搜集相关信息来为中职学生具体分析他们的职业生涯成功之处。对于后者，教师可以邀请那些职业生涯发展成功的往届毕业生亲自传授他们职业生涯发展成功的经验。

（四）生生交流

中职学生之间容易产生情感上的交流，在职业生涯教育教学过程中，教师应让学生之间组成学习小组互帮互助、互相监督。例如，在进行学生自我认识的模块教学过程中，中职学生之间的互相评价无疑是最真实、最可靠的，往往最亲近的朋友能给对方最实际的意见和建议。同时在职业生涯规划模块中，中职学生三年目标规划的实施过程也可以由中职学生之间自由组成小组进行监督和实施，在此过程中同学之间还可以互相给予一定的修改意见，有利于每一位同学职业生涯规划的顺利实施。

（五）社会实践

社会实践是中职学生对真实的职业环境的感受和体验。在职业生涯教育教学过程中，有些问题不能只靠教师的讲授来进行，有的内容必须要中职学生真正体验到了，他们才能够有更加清晰的认识。中职学生如果长期处于校园之中，有可能对真实的职业世界的认识主观化和理想化，这样就会影响他们未来职业生涯的发展。教师在教学过程中一定要加入社会实践环节，让中职学生将所学到的内容在真实的职业世界中得到应用。例如在职业生涯设计模块，中职学生对社会环境的分析不仅需要他们去寻找资料，更重要的是要让中职学生步入社会，真实地体验职业是什么，需要具备哪些职业道德和职业能力，未来的职业环境是怎样的，用人单位的标准是什么等，而这些都不是仅通过教师的说教就能实现的。所以，在职业生涯教育教学过程中要让中职学生亲自去体验，亲自去领悟，在实践中学习。这样一方面有助于他们对未来所从事的职业有一个感性上的认识，同时也能让他们明确自己的目标，增强学习的动力。

第四节　职业生涯教育实践体系组织模式的构建

职业生涯教育是一项实践性、系统性很强的工作，它需要多个部门如学生处、教务处、团委、就业指导中心、各院系和学生团体的集体协作、相互配合才能完成。因此，如何建立一套科学的职业生涯教育管理体系对于中职学校顺利开展职业生涯教育实践活动具有重要的保障作用。中等职业学校应以提高中职学生职业生涯教育水平为目标，建立协调的组织体系和科学的管理机制，明确学校、院系、班级在职业生涯教育工作中的责任、权利与义务，统一指挥，分工协作，建立相互促进、相互融通的促进机制，提高职业生涯教育的工作效率和工作质量，开创全员参与、全员有责的职业生涯教育工作新局面。

职业生涯教育中心是整个中等职业学校职业生涯教育的枢纽，为中职学生提供职业咨询、信息搜集等工作。职业生涯教育中心主要设置六个部门：咨询部、信息部、宣传部、学生团体机构、资深HR联盟、职业生涯发展指导研究中心。

一、咨询部

咨询部主要为中职学生提供职业生涯发展的咨询，帮助中职学生更好地制订职业生涯发展规划。职业咨询的范围主要包括：对中职学生的性格类型进行测评和分析，提供职业发展信息。职业生涯教育必须要遵循个性化原则，因为每一个中职学生都是独特的个体，未来都将有自己独特的职业生涯发展路径，中等职业学校在对学生进行职业生涯教育咨询时应该充分考虑每个中职学生职业生涯发展路径的特殊性。

二、信息部

信息部是中等职业学校联系社会的关键组织，直接影响着中等职业学校进行职业生涯教育的各个环节。信息部的职责主要有两个方面：一是负责收集、整理与职业生涯相关的信息，这些信息包括联系专业的职业生涯教育专家、相关专业的职业信息等。信息部所获得的信息一般都具有较强的针对性和可靠性，是毕业生和学校专业人员获得社会需求信息的主要渠道以及中等职业学校开展职业生涯教育的可靠保证和依据。二是承担着将相关信息传送给不同的使用部门以及相关人员的职责。及时、准确的职业信息能为职业生涯教育注入更多新的内容，它们能帮助从事职业生涯教育的教师把最新的职业信息传递给学生，同时也能让教师根据社会对人才发展的要求做好充分准备。一般来说，中等职业学校教育尤其是课堂上教材所传授的知识都是比较过时的，许多内容无法满足中职学生对现代社会深入了解的需求，而信息部正好能够弥补职业生涯教育教学在时效性方面的不足。

三、宣传部

宣传部与信息部都是中等职业学校联系外界的窗口，其主要职责是让中职学生了解职业生涯教育中心的服务，真正实现职业生涯教育中心的价值，扩大职业生涯教育中心的影响力，切实为学校的教师和学生提供职业生涯教育支持。宣传部主要服务的对象是学校和社会。对于学校而言，宣传部主要有两大任务：一是让职业生涯教育的思想深入每一位教师、每一位中职学生、每一位工作人员的心中。要使中职学生明白每一个个体都有自己独特的职业生涯发展道路，必须让中职学生关心自身职业生涯的发展，让他们的主体性得到充分发挥。只有中职学生真正为自己的职业发展考虑，中等职业学校的职业生涯教育才算是成功的。二是宣传部应通过各种活动真正做到为中职学生服务。例如定期举办有关职业生涯教育方面的活动，举办一些展览，以海报的形式宣传职业生涯发展的信息，让中职学生能够充分感受到职业生涯教育中心的作用。同时，配合信息部将社会上的最新职业信息及时发布给中职学生。现代社会网络已是人们了解信息最便捷的渠道，所以宣传部还要将信息部采集回来的信息及时发布到网络上以便中职学生浏览和查阅。对于校外而言，宣传部要发挥沟通学校与社会的重要作用。宣传部不仅要为中职学生联系实习单位，同时也要为中职学生就业搭好平台。中等职业学校如果能与相关用人单位建立起长期的友好合作关系，那么这将给中职学生的职业生涯发展提供更多的便利条件。宣传部要与相关的企事业单位、当地的政府部门建立合作关系，做好学校与社会的外联工作，通过招聘会、定向培养等方式促进中职学生的就业。最后，教师还要与优秀的毕业生保持联系，对他们进行跟踪调查，这样有利于中等职业学校职业生涯教育的及时调整。

四、学生团体机构

中职学生既然作为职业生涯教育的主体，那么促进中职学生自我发展便是职业生涯教育中心的重要工作内容。中职学生越早明确职业生涯发展的目标、确定自己的职业生涯定位，对个人的职业生涯发展越有利。而学生团体的建设是促进中职学生自我发展、明确自我定位的最好方式。同时，学生团体也更能带动学校所有的中职学生共同关注自己未来的职业发展，为中等职业学校的职业生涯教育工作提供他们的意见和建议，逐步完善中等职业学校的职业生涯教育实践体系。职业生涯教育中心应该给予学生团体更多的支持和帮助，让学生团体成为职业生涯教育组织中不可或缺的一部分，协同推动职业生涯教育的开展。

五、组建资深HR联盟

资深HR专业的人力资源开发资历是宝贵的职业生涯教育资源。重庆市女子职业高级中学就邀请了三十余位企业资深HR组建职业生涯教育资深HR联盟，为学生职业生涯教育提供心理学、教育学、职业理论与人才测评等多方面培训，保证职业生涯教育的科学性与先进性。[4]

六、职业生涯发展指导研究中心

在HR指导下，在全校教师中遴选优秀教师组成职业生涯发展指导研究中心。研究中心主要负责以下四项任务：一是开发全程职业生涯教育系统课程，搜集和分析中职学生职业发展的相关数据；二是开发中职学生就业岗位群胜任模型，并将胜任模型转化为培训标准；三是开发价值链较高

---

[4]引自重庆市女子职业高级中学《课程开发、活动引领、双向互动——中职学生全程职业生涯教育改革与实践教学成果报告》。

的企业岗位群，为中职学生就业开辟新方向与门路；四是为学生提供心理

和职业发展咨询。

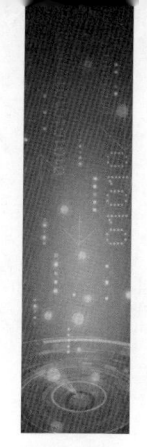

第七章 ——中职学生全程职业生涯教育的多元化师资队伍建设

开展职业生涯教育是一项专业性很强的工作，教师要对学生进行专业的职业生涯指导就必须具有心理学、教育学、职业理论、人才测评等多方面的知识和能力。因此，需要对教师进行职业生涯教育的相关培训，支持和鼓励教师取得职业规划师的资格。而目前中等职业学校的教师受过比较系统的职业生涯教育培训的较少，取得职业规划师资质的教师则更少。因此，对中职学生全程职业生涯教育师资队伍建设进行研究具有十分重要的意义。

第一节　中职学生全程职业生涯教育教师的类型与职责

职业生涯教育教师是职业生涯教育的具体实施者，也是课堂教学的主导者。职业生涯教育教师素质的高低直接影响着职业生涯教育质量的高低。为保证职业生涯教育的质量，中等职业学校应组建一支高素质的多元化职业生涯教育师资队伍，同时要把职业生涯教育教师队伍建设纳入整个中等职业学校师资队伍建设，要对从事职业生涯教育工作的教师定期进行培训，提高其整体素质。职业生涯教育教师除了必须具备教育学、心理学的基础知识外，还要具备劳动学、人力资源管理、社会学、法律等相关的专业知识。总之，职业生涯教育教师队伍必须是一支专业化的多元师资队伍，只有这样才能保证职业生涯教育教学的质量。职业生涯教育教师主要有三种类型：职业生涯教育专任教师、专业课教师、客座教师。

一、职业生涯教育专任教师

职业生涯教育专任教师必须具备四个条件：第一，专业能力。职业生涯教育教师必须了解关于职业生涯的基本理论知识，如帕森斯的"人职匹配"理论、萨帕的职业发展理论、施恩的职业锚、舒伯的生涯彩虹等理论。除此之外，职业生涯教育教师还应对职业特性有透彻的理解，如职业的分类、职业的历史和未来的发展趋势等。职业生涯教育教师还需要有较宽的知识面，具备职业学、心理学、社会学、管理学、教育学的相关知识，职业生涯教育教师必须终身学习才能更好地满足中职学生的职业生涯发展需要。第二，素质全面。学生要想让自己的职业生涯顺利发展，就必须全面发展自身的素质。作为职业生涯教育教师同样需要具备全面的素质，因为只有高素质的教师才能培养出高素质的学生。第三，具有丰富的工作经验。职业生涯教育本身就是人生工作经验的科学化指导。职业生涯教育教师首先应该解决自己的职业生涯发展问题，以亲身经历来为中职学生解惑答疑。具有丰富的工作经验代表了一个教师对社会的了解和认知程度，才能使职业生涯教育不流于形式。也就是说在职业生涯教育教学过程中，如果教师能以自身职业生涯发展为例，那么就会使得职业生涯教育教学有了生动、现实的例子，让职业生涯教育的工作更加富有成效。第四，取得中级职业资格证书。目前，关于职业指导的国家职业资格证书分为：职业指导员、职业指导师和高级职业指导师。职业生涯教育还未被国家纳入资格证书的范畴，职业生涯教育仍是作为职业指导的一部分而存在。所以作为职业生涯教育教学的专业人员必须最低取得职业指导师的资格证书，然后再有计划地取得更高一级的高级职业指导师，不断提高自身的专业素质。

二、职业生涯教育客座教师

在职业生涯教育教学中，职业生涯教育教师中应有一部分来自企业和社会其他部门的专家以及学校往届优秀毕业生作为客座教师。中等职业学校必须与相关企业建立长期、稳定的合作关系，并定期聘请相关行业专家、企业管理人员和HR等来学校为学生讲解关于职场上的问题以及现代社会对技术技能人才的要求。中等职业学校必须充分利用好校外专家这一优势资源，因为企业和社会人员都拥有丰富的实践经验和就业信息，能够为指导中职学生的职业生涯发展提供便利条件。客座教师还应包括学校已经毕业的学生。学校应对往届毕业生进行跟踪调查，并邀请成功的毕业生来为在校学生讲解他们亲身的职业经历和职业体验，让中职学生明确自己未来的职业定位，为他们步入社会提供可借鉴的经验，同时也为他们指明自我发展的方向。

三、职业生涯教育辅导员

职业生涯教育辅导员除了要完成学校辅导员本身的工作职责外，还要对中职学生积极开展职业生涯指导和就业指导服务工作，为中职学生提供高效、优质的指导和信息服务，帮助中职学生树立正确的就业观念。职业生涯教育辅导员必须能够针对不同中职学生的需求使用不同的咨询方法，为中职学生提供有效的咨询内容。要能够根据中职学生的特点确认职业咨询的目标，然后提供针对性的职业咨询信息，并能为中职学生提供自我搜寻信息的渠道。职业生涯教育辅导员不仅要为中职学生提供咨询服务，还要在中职学生了解自我方面给予一定帮助，让他们首先加强对自身的了解，然后确定未来的职业生涯发展目标。

目前，越来越多的中职学生拥有强烈的获得职业生涯指导和职业咨询的需求，这使得职业生涯教育辅导员的发展面临着重大挑战。职业生涯教育辅导员作为直接面对中职学生职业指导和职业咨询需求的关键人员，在帮助和支持辅导中职学生明智地作出职业选择方面发挥着至关重要的作用。虽然我国职业生涯教育辅导员的整体发展还处于起步阶段，但我们的教师、校长和教育行政管理人员大都已经意识到一次性的职前培养已难以适应迅速发展的职业生涯教育实践，必须建立专业型、专家型的职业生涯教育师资队伍才能保证就业服务工作的科学性。因此，应提高对职业生涯教育辅导员入职期指导的实效性，促进其终身专业发展，改变完全由学科专业教师讲授教育理论课的专业教育方式。同时还要把职业生涯教育辅导员教育的基地从中等职业学校转向企业、行业的大社会，将职业生涯教育讲座、实验与职业的现场体验结为一体，采用体验互动、探究式的教学和训练提高职业生涯教育辅导员的专业水平。

第二节 中职学生全程职业生涯教育的其他重要角色

中职学生全程职业生涯教育的其他重要角色包括：职业生涯教育管理者、职业生涯教育协调员、职业信息采集员和生涯导师志愿者团队。

一、职业生涯教育管理者

任何一项制度和政策的顺利实施都需要一种从上到下的机制。中等职业学校的管理人员是职业生涯教育的支撑，只有得到他们的大力支持，职业生涯教育才能够长久地在中等职业学校得到更好的实施。目前，我国中等职业教育普遍实行的是校长负责的领导制，校长在很大程度上掌握着学校教育的决策权，校长对待职业生涯教育的态度及重视程度直接影响着职业生涯教育的实施效果。为保证职业生涯教育的良好开展，首先应从更新中等职业学校校长的观念开始。只有让中等职业学校的校长树立起职业生涯教育的科学观念，认识到职业生涯教育的最终目的是促进中职学生全方位的发展，为社会培养高素质劳动者和技术技能人才，为中职学生和社会的发展服务，职业生涯教育才能够得到可持续发展的不竭动力。只有中等职业学校的校长给予职业生涯教育工作充分的支持，才能够将中等职业学校行政管理、教育教学组织协调起来，共同推动学校职业生涯教育的发展。

学校主管学生工作、主管教学工作的领导都应该成为中等职业学校职业生涯教育的支持者和决策者。中等职业学校的职业生涯教育管理者要对职业生涯教育工作进行宏观调控，其具体职责是制定职业生涯教育相关政策。学校领导小组还应根据社会发展需要，同时结合学校学生的需求定期进行职业生涯教育会议，制定职业生涯教育相关政策，为中等职业学校职业生涯教育工作的开展提供重要保障。

二、职业生涯教育协调员

职业生涯教育协调员是将地区的教育资源与中等职业学校的教育资源相结合，为中职学生提供各种体验活动场所，协助中等职业学校职业生涯教育展开的专门人员。其主要任务是形成校企之间的关系网络并作为产业界与学校之间的桥梁，构建校企双方的合作关系。职业生涯教育协调员还要负责提炼、开发产业界可供中职学生体验的课题方案，发掘教育资源并使其项目化、教材化。职业生涯教育协调员还要准确把握中等职业学校的现实需求，构建企业与中等职业学校的合作关系，协助教师共同探讨职业生涯教育过程中出现的问题的解决方法，对教学项目的结果进行评估与优化。

三、职业信息采集员

在现代社会，职业信息采集员采集的信息大部分来源于网络。由于网络上的信息量非常大，所以要想使搜集的职业信息全面，就要求职业信息采集员具备高效收集网络信息的相关知识，同时还要求他们具备编辑信息和整理信息的能力，对采集的职业信息进行分类并发布。职业信息采集员的另一部分职业信息来源主要是社会的职业介绍服务机构，这就要求信息采集人员要与外界经常进行沟通，将劳动市场的职业变化、供求信息及时告知中等职业学校的教师和学生，以便他们在职业生涯教育过程中及时调整职业生涯发展方向。

四、生涯导师志愿者团队

重庆市女子职业高级中学邀请生涯教育专家组成专委会，并按照科学的师生比例从校内外选拔志愿者组建生涯导师团队（图7-1）。从校内管理干部、骨干教师、优秀班主任以及校外行业能手、优秀毕业生、优秀家长、合作企业HR中选拔志愿者组建校内外生涯导师团队。

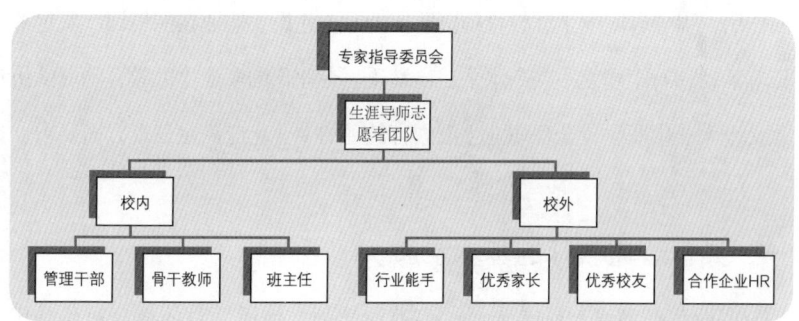

图7-1　中等职业学校生涯导师团队结构

学校通过整合校内外资源，采取自主申请、资格培训等方式遴选优秀职场人士组成校内外生涯导师志愿者团队。相比学科教师，生涯导师侧重于了解中职学生的性格特点，与学生建立信任和深厚的感情，是学生的良师益友。生涯导师从智力、情绪、态度、兴趣等方面给予中职学生思想、学习、生活、工作支持和引导，促进职业生涯教育师资队伍建设，提升教师职业生涯的指导能力，同时通过建立信息化平台促进师生双向互动。

生涯导师关注每个中职学生的情感发展和身心健康。中职一年级，生涯导师要引导学生养成良好的生活习惯，习得基本生活技能，学会与人沟通交往；中职二年级，生涯导师要鼓励学生面对学业中的挑战，正确面对成长的烦恼；中职三年级至毕业后3~5年，生涯导师更像同伴，要为中职学生解答生活、工作中的迷惑，并持续挖掘他们的天赋和潜力。这种"一对一"的教学形式在师生之间建立了一种个性化的"导学"关系。[1]

第三节　中职学生全程职业生涯教育教师的专业化

专业化标准在职业生涯教育师资队伍建设中处于核心地位，发挥着导向作用，引导着职业生涯教育师资队伍的专业建设、职业技能培训、鉴定考核等活动，对于建立一支高水平、高素质、专业化的职业生涯教育师资队伍意义重大。中职学生全程职业生涯教育教师的专业化应满足三个方面要求。

一、具备普通教师的基本素质

职业生涯教育教师首先是一名普通教师。他所面对的教育对象是中职学生，所以职业生涯教育教师应具备一名普通中等职业教育工作者的基本素质，要能够正确地对待自己从事的职业生涯教育事业，认识到教育者所担负的社会责任，必须围绕职业教育活动的目的和任务培养和发展中职学生的职业生涯发展能力，具备良好的教师道德形象和职业形象，热爱学生，以中职学生职业生涯发展和能力提升为宗旨，认真开展职业生涯教育相关工作。

---

[1]引自重庆市女子职业高级中学《"中职学生全程职业生涯教育研究"报告》。

二、学历和知识结构

学历是职业生涯教育师资队伍质量的一个重要标志。提高职业生涯教育教师的学历是职业生涯教育师资队伍建设的必然趋势，也是衡量职业生涯教育教师专业化程度的一项重要指标。职业生涯教育教师首先要具有符合规定的学历，最好具有研究生学历。同时，由于职业生涯教育是一门多学科、多层次相互交叉的综合性学科，需要综合运用社会学、教育学、心理学、行为学、生理学、伦理学、人类学、管理学等学科知识来揭示职业现象，解释人的职业行为。因此，职业生涯教育教师完善的知识结构应具体包括三个部分：第一，具有较高的思想道德水平和政策理论水平。职业生涯教育教师首先应具备作为人民教师的职业素养，认识到自己所承担的社会责任，具有良好的教师道德形象和职业形象，能围绕职业生涯教育的目的与任务培养和发展中职学生的职业能力。职业生涯教育教师还要具有较强的政策领悟力，要了解国家就业政策的发展与变化，熟悉有关就业政策要求，从而有的放矢地指导中职学生成功就业。第二，具有广博的理论知识。职业生涯教育教师应熟悉职业生涯发展与规划、社会职业分工及发展的相关理论、教育学、心理学的相关理论及社交礼仪与沟通交流的相关理论知识，从而针对中职学生的个性发展和特点给予相应的职业指导，最终达成人职最佳匹配。[2]第三，要掌握职业生涯教育的相关技术与方法，能对中职学生的心理特征和职业素质进行测评，从而为中职学生提供有效的就业咨询、指导和帮助。

---

[2]江晓新.中职艺校生职业生涯教育实验研究[D].杭州：杭州师范大学，2016.

三、个性品质与能力结构

职业生涯教育教师应性格开朗、善于沟通、喜欢与人交流，待人宽容友善，有能力控制自己的情绪，具有帮助中职学生规划未来职业生涯发展的良好意愿。职业生涯教师应能建立并保持与中职学生之间良好的个人关系，与中职学生一起找寻个人职业岗位目标，为中职学生提供个人职业定位及建议、提供个人创业方面的咨询和个人职业兴趣测定、职业学习方向和培训建议。

职业生涯教育教师应具备的能力具体包括：第一，应具备就业市场的调查研究和预测能力。职业生涯教育工作是一项时效性很强的工作，为了有效地为中职学生提供就业信息和进行就业指导，职业生涯教育教师必须具有敏锐的就业市场观察力和分析力。针对职业需求新动向及时发现并解决问题，使职业生涯教育工作做到有的放矢，从而提高职业生涯教育的时效性。第二，由于中职学生群体的特殊性和可塑性，职业生涯教育教师需掌握心理辅导技能、职业生涯规划实用技术，掌握中职学生职业心理测验和职业素质测评的方法，并能结合测评结果提供专业建议。因此，职业生涯教育教师需要参加心理健康教育、人才测评、心理测评等相应职业资格的培训。第三，要具备获取信息和处理信息的能力。职业生涯教育涉及较多的国家就业政策，因此职业生涯教育教师应具有较强的政策领悟力，应善于利用计算机处理就业信息。第四，要具备沟通协调能力。职业生涯教育教师的角色是多重的，需要能够有效沟通和协调好与各种对象的关系，使学校、毕业生和用人单位三者之间形成和谐的合作关系，促进职业生涯教育工作的有效开展。第五，要具备职业咨询能力。职业生涯教育教师应具备的职业咨询能力包括面试技巧、个别咨询技巧、团体咨询技巧、危机处理技巧。职业生涯教育教师应当具有运用适当咨询技术有效地协助受辅导学生作出职业选择和生涯发展规划的能力。

总之，职业生涯教育是一项专业性很强的工作。职业生涯教育教师必须掌握专门的职业生涯教育理论和技能才能有效承担职业生涯教育相关工作。这就要求中等职业学校加强职业生涯教育教师队伍的专业化建设，通过集中、系统、长期的培训提升职业生涯教育教师队伍的专业素质水平。职业生涯教育教师要根据职业生涯教育内容和中职学生的专业特点不断完善自身的专业知识结构。

第八章 —— 中职学生全程职业生涯教育展望

第一节 制定国家层面的中职学生职业生涯教育政策

国家应意识到在中等职业教育阶段实施职业生涯教育的重要性，制定职业生涯教育相关法律、法规并落实到教学大纲与课程中，指导中等职业学校积极实施职业生涯教育，制订全年级指导教学计划，展开体验活动，才能保障中职学生全程职业生涯教育的实施。我国应进一步加强中等职业学校职业生涯教育的立法工作，设立专门的组织管理机构以从体制上保证中等职业学校职业生涯教育在整个教育体系和学校教育中的重要地位。同时，要以国家投资为主渠道积极向社会各界筹集资金，设立用于学校职业生涯教育的教师培训和课程开发等专项基金，以保证中等职业学校职业生涯教育的开展得到财力、人力和物力的保障。国家还应通过政策的制定合理地调节与安排职业生涯教育的内容与其他教育内容的融合，逐渐建立起制度化、体系化的职业生涯教育体系。在国家的统筹领导下进行职业生涯教育实施情况的调查，及时掌握职业生涯教育的情况并进行数据跟踪分析，从而进一步完善职业生涯教育体系。由于我国不同区域中面向职学生职业生涯教育的差异性较大，应根据地区经济发展状况及不同中等职业学校所掌握教育资源的实际情况制定适合的梯度职业生涯教育发展政策为宜。

第二节 有效利用职业生涯教育社会资源

职业生涯教育的一个重要特征是非常重视体验活动，尤其是课堂以外的体验活动，没有体验活动的职业生涯教育不是真正的职业生涯教育。体验活动的教学效果在很大程度上取决于是否得到社会支持，是否充分利用了中等职业学校外的教育资源。职业生涯教育不仅关系到中职学生的未来发展，也关系到企业主们是否能雇用到符合企业需求的高素质劳动者和技术技能人才。因此，我国职业生涯教育要让企业主等外部利益相关主体积极参与职业生涯教育的计划制订与实施，借助他们的丰富资源为中职学生提供更好的体验式教学活动。除此之外，中等职业学校还需争取中职学生家长的支持，尤其是要让家长充分参与到体验活动中。对于中职学生来说，家庭生活仅次于学校生活，家庭生活是中等职业学校职业生涯教育的延续，能使职业生涯教育的结果在中等职业学校外得以充分展现。

第三节　充分发挥职业生涯教育体系的作用

中等职业学校应结合本校的实际情况努力构建系统、科学的职业生涯教育体系，并在之后的实践中不断加以完善，为中等职业学校本身和中职学生的可持续发展打下坚实的基础。中等职业学校职业生涯教育体系构建理念应坚持以就业为导向，以中职学生为本，其最终目的是实现"人职匹配"，根据就业市场的需求培养中职学生就业岗位必需的职业技能与职业素质，从而实现中职学生个人的职业理想，展现中职学生的社会价值。但是，中等职业学校关注的不应该只是学校的初次就业率，而应该关注中职学生长期的职业生涯发展，关注中职学生在以后的职业生涯中如何在职业转换时实现平稳的过渡。努力培养中职学生一生受用的学习能力、就业能力、工作适应能力、自我调节能力和创业能力。帮助中职学生用发展的眼光看待职业生涯教育，引导中职学生树立危机意识，客观评价自己、社会与就业环境，根据就业市场的需求不断调整职业目标，全方位提升个人素质，为顺利就业做好充分准备。中等职业学校要根据学生的个人特点，以实现中职学生的个性发展为目标，合力为中职学生的成长创造一个良好的环境，充分尊重中职学生的主体地位。具体来讲，构建的职业生涯教育体系应重点发挥五个方面的作用。

一、由就业指导向职业生涯指导转变

职业生涯指导与传统的就业指导最大的不同就在于职业生涯指导是以促进个体的发展为目的，引导中职学生站在终身发展的高度来审视自己选择的职业与生活发展之间的关系，并在此基础上对自己的主客观条件进行科学评估，学会自我规划、自我设计，根据自己的职业生涯发展目标制订出每阶段的分目标与实施策略，从而最终实现自己的职业理想。而传统的就业指导关注的是如何促进中职学生就业，指导教师会时刻提醒中职学生根据就业市场的需求调整自己的就业期望。这种提醒是即时性的，并且还有一定程度的强制性，很难引起中职学生的认同。职业生涯指导与就业指导的不同还在于对中职学生的影响力不同。随着社会经济的不断发展，人员的职业流动性越来越大。通过接受职业生涯教育，中职学生可以科学地制订职业生涯规划，理性地作出职业选择，及时修正职业生涯目标并调整实施策略。系统的职业生涯教育将使中职学生在面临职业变动时做到从容不迫，并且充分利用职业变动带来的机遇积累职业经验，最终通过努力实现自己的职业理想。而传统的就业指导只是针对某一次具体的职业选择，当中职学生离开学校再次面临职业变动时，在无人指导的情况下便很难作出正确的职业选择。

二、培养学生的职业意识，提升他们的职业规划能力

应把中职学生的成长放在职业生涯教育工作的第一位，立足中职学生职业生涯发展的战略高度，加强中职学生的职业理想教育和职业意识培

养，尽快把职业生涯教育纳入中职学校的人才培养方案和教学计划。在职业生涯教育实践过程中，应着重加强中职学生职业规划能力的培养，有计划地对中职学生实施职业生涯规划教育。中职一年级时应引导中职学生初步了解自己、社会、职业，鼓励他们积极参加各种形式的社会实践活动，提高自己的社会责任感和抗挫折能力。中职二年级时可通过职业心理测试深化中职学生对自我的认识，认真评估自己的中期学习目标，进一步加深对职业的思考。中职三年级时要指导中职学生写好个人自荐书，为学生提供就业信息，组织他们进行模拟面试训练，鼓励他们参加各类招聘活动，积累求职面试经验。通过职业生涯教育不但可以帮助广大中职学生正确认识自己，明晰所学专业的培养目标和就业方向，自觉确立在校期间的奋斗目标，还能为他们将来更好地实现就业以及择业做好充分的知识能力准备，引导他们顺利完成"学校人"向"社会人"的转变。

三、引导学生正确认识自我和环境，树立择业信心

中职学生与普通高中生一样，他们同样具有远大的理想和抱负，好学上进、充满朝气，是一个危机感、荣辱感和使命感很强的学生群体。但由于各种因素，中职学生普遍缺乏乐观自信，人生目标不明确，自卑和焦虑心理较严重，对未来既渴望又胆怯，既憧憬又无奈，职业发展要求不高。因此，培养中职学生的择业自信，关心他们的心理健康是职业生涯教育的一项重要内容。一方面，中等职业学校应重视培养中职学生正确的世界观、价值观，借助学校德育工作加强学生集体主义、爱国主义教育，培养他们健全的人格，通过开设心理健康课程提高他们对心理素质教育的认识，激发他们参与心理训练和自我教育的积极性。通过专业的心理咨询辅导，及时为中职学生释疑解惑。另一方面，学校应加强中职学生对当前经济社会发展环境的认识，明确职业生涯教育所培养的技术技能人才对国家发展、民族进步

的重要作用，使中职学生学有所用，增强职业发展的自信心。

四、加强中等职业学校与企业及社会组织的交流与合作

企业具有中等职业学校无法比拟的资源优势，企业真实的职场环境能为中职学生提供锻炼的机会，企业先进的技术设备能够开阔中职学生的眼界，使中职学生明确理论与实践、学校人与职场人的差距，督促他们进行合理的职业定位，作出更加理性的职业选择。中等职业学校应主动加强与企业的沟通与合作，经常性地邀请一些企业人力资源管理方面的专家为中职学生提供职业规划、就业指导、求职技巧等多方面的服务。增加中职学生在专业学习过程中到企业实习锻炼的时间和次数，通过顶岗实习让中职学生和更多的企业新人互动、沟通，加强他们对职业环境的认知，培养他们良好的职业合作意识。此外，还要充分重视社会组织在中职学生职业生涯教育中的重要作用，社会组织主要包括媒体和职业咨询服务机构。中等职业学校可以利用媒体强大的信息传播功能为中职学生职业生涯教育营造良好的社会氛围。职业咨询服务机构能够为中等职业学校实施职业生涯教育带来活力，在不同环节帮助中等职业学校破解开展职业生涯教育过程中产生的难题。

五、健全学生职业生涯教育保障机制

第一，物质保障。国家和各级政府应加大对职业生涯教育的扶持力度，扩大职业生涯教育经费的支出比例，创新职业生涯教育发展路径，拓宽职业生涯教育经费来源，确立"政府主导、社会辅助、企业参与"的职业生涯教育发展思路。第二，体制保障。中等职业学校应当认清形势、深化改革，完善职业生涯教育管理体制，加强对中职学生的思想教育和就业指导。中职学生职业生涯教育体制改革要想取得突破性进展，必须坚持

"以促进学生发展为本"的职业生涯教育理念，确立以学生职业生涯教育为主体，以发展全程、全员、系统化职业生涯教育为思路，充分利用中等职业学校现有资源，调动校内外一切有利因素，推动中职学生职业生涯教育的改革创新。第三，法律保障。必须深入推进依法治国方略，完善就业法律体系，特别是要加强中职学生职业生涯教育法律、法规的制定与实施，规范和监督学校、政府、社会和企业的责任，给予中职学生职业生涯教育改革以强有力的法律保障。

第四节　建立完善的职业生涯教育评价体系

职业生涯教育的评价方法特别强调教师是否达到教学目标、促进中职学生能力的成长，在评价过程中更加注重职业生涯教育教师自我评价和学校自我评价，从而形成自我督促、自我进步的发展模式。由于职业生涯教育本身具有开放性与互动性的特点，学生、家长、教师、外部人员都能参与到教学评价中，因此教学评价体系应从各种利益相关者的角色出发，为其制订相应的评价量表。评价主体多元化有利于教师改进职业生涯教育教学，从多角度了解教学存在的问题，以便提高职业生涯教育教学质量。中职学生也可以参考各方评价对自己的学习作出改进。此外，由于职业生涯教育教学内容的多样性，对中职学生能力的培养也是多角度、多层次的，因此评价量表的内容也应该尽可能全面、详细。

职业生涯教育评价体系还要对职业生涯教育目标中的各项指标进行精细划分，充分发挥评价结果的作用，从宏观和微观两个维度准确反映中职学生的职业生涯发展。每个中等职业学校应通过一定的调查监测了解中职学生的状况，根据学生的现有水平实施相应的职业生涯教育，对可测能力设定目标以便对教学方式方法进行改进。由于每个中等职业学校的职业生涯教育都有自己的特色，因此职业生涯教育教师之间还应该对生涯教学所需的材料与信息进行共享。

第五节 打造高质量职业生涯教育师资队伍

高质量的职业生涯教育师资队伍是中等职业学校开展职业生涯教育工作的基础。针对目前中等职业学校存在的职业生涯教育专业师资队伍短缺、整体素质不高的情况，中等职业学校应努力通过多种途径构建一支专业化程度高、专业能力强、专业素质过硬的职业生涯教育师资队伍，为学生的职业生涯发展保驾护航。具体来说，要做到如下四点：

第一，建设一支专兼职相结合的师资队伍。建设一支相对稳定、专兼职结合、高素质、专业化、职业化的师资队伍是保证职业生涯教育质量的关键。目前，我国职业生涯教育发展的一个重要任务是促进教师队伍的职业化、专业化。职业生涯教育师资队伍不仅要有一线专门的任课教师，还应有一些从事职业辅导的工作者为学生提供咨询服务。[1]针对就业指导、心理咨询、职业测量师资队伍薄弱的现状，可以通过引进和从校内选拔的方式进行充实。引进人才一定要具备相应的从业资格，如职业规划师资格与心理咨询师等资格，还应该具备一定的教育学、管理学、社会学方面的知识，具有强烈的责任心与进取心，懂得关爱学生，能积极主动地为学生服务。总之要严把质量关，积极创造有利条件引进专业素质高、业务熟练、具备多年职业生涯指导工作经验的优秀兼职教师。

---

[1]刘甜甜,张博.大学生职业生涯规划的课程研究与走向分析[J].黑龙江高教研究,2013(6): 99-101.

第二，重新对职业生涯教育辅导员工作角色进行定位。作为长期处于中职学生思想政治教育与中职学生管理工作第一线的辅导员具有天然的优势，他们方便与中职学生进行长期、及时的沟通，普遍都已具备较高的素质，熟悉中职学生的思想和心理特征，掌握中职学生教育和管理工作的一般规律、方法和基本知识，并且现有的辅导员也多为硕士以上学历，具备一定的素质优势。中等职业学校要以集中培训与校外专家讲座的形式对辅导员进行教育学、心理学与管理学方面的培训，提升辅导员的职业生涯教育指导水平。将传统意义上的仅从事中职学生思想政治工作与学生管理工作的辅导员转变为中职学生成长路上的就业导航员、职业指导员、职业实践参与员、就业心理辅导员，以集体辅导和"一对一"辅导的模式满足中职学生的职业生涯发展需要，让他们成为职业生涯教育工作中的生力军。

第三，建立教师职业生涯教育专业发展体制。职业生涯教育教师职业成长最重要的标志是其专业化水平的提高。职业生涯教育教师专业化就是教师职业训练、职业能力和从教过程的专门化、熟练化、艺术化和独特化，使职业生涯教育活动高质量、高效率地顺利进行。学科教学与职业生涯教育内容的结合需要教师充分了解职业生涯教育理论才能展开进行，体验活动更需要教师有足够的专业知识去应对并指导学生解决不了的课题。因此，加强中职学生职业指导教师队伍专业化是一项现实而紧迫的任务，需要各方协同做出持续的努力，加强对职业生涯教育教师的研修，提高教师专业化水平。一名专业化的职业生涯教育教师应具备三大方面的专业素质，即确立并自觉遵守本工作领域的伦理纲领，具有系统而明确的专业知识结构，具有经长期专门训练而形成的娴熟的专业技能和教学能力。由此，要更好地促进职业生涯教育教师的专业化，需要重点做到如下四点：一是增强自身职业发展意识。职业生涯教育教师要科学认识职业生涯教育产生与发展的过程，充分认识其对中职学生职业发展的重要性与其在教育中的重要地位，增强职业信心与职业认同感，明确自身的职业发展定位。二是明确自身职业发展规划。具有明确的职业发展规划是职业生涯教育教师职业发展的重要议题。职业生涯教育教师在从业过程中要结合自身职业发展的实际情况深入学习与理解职业生涯发展理论，做好自身的职业发展规划，更好地建立职业生涯发展目标的手段策略，采取切实有效的措施来促进职业生涯发展。三是设立职业生涯教研室，加强学科建设，提升职业生涯教育教师的科研能力。学科建设是提高职业生涯教育教师科研能力和素质的有力支持。目前，中职学生就业指导日益向专业化、学科化方向发展，职业指导也越来越多地表现为应用不同学科的理论解决实际问题。通过不同学科对职业生涯教育和活动的内容、手段、效果等进行研究，给教师的职业生涯教育教学实践活动有力的指导，大大提高了职业生涯教育的有效性。职业生涯教育作为一门独立的学科建设，需要借助各种学科基本理论和知识发展成独立的知识体系，通过建立职业指导教研室，为加强学科建设提供强有力的支持，促进职业生涯教材编写和课程开发，进而提升职业生涯教师的科研能力。四是通过改革职业生涯教育师资培养模式建立职业生涯教师专业标准，以资格认证确保入职教师的素质。建立并完善职业生涯教师资格标准，使他们既具备相关专业科学和职业工作过程知识，又具有相关教育科学、职业教育教学法方面的知识。要建立职业生涯教师专业（资格、质量）标准，专业标准的建立应体现科学性，专业标准应能反映职业生涯教育教师职业的本质属性，体现出职业生涯教育教师职业的职业技术专业性和教育专业性。

第四，中等职业学校应利用与企业联系较为紧密的优势，与企业联合对中职学生进行职业生涯教育，实施"生涯导师制"。生涯导师可以为中职学生推荐就业单位和专业实践、实习机会，成为中职学生步入社会的引路人。职业生涯教育是操作性非常强的工作，中等职业学校应创造条件让职业生涯教师到企事业单位或相关部门挂职锻炼，以增加其实践经验和工作阅历，使职业生涯导师在实践中培养自己各方面的能力，培养自己的创新精神，提升自身素质和业务水平。学校可以利用生涯导师单位的资源优势与其共同开发中职学生职业素质和职业技能的实训课程，为中职学生提前了解社会人才需求和企业职业需求、掌握相关职业需要的职业能力提供便利。生涯导师不仅通过接触中职学生对学校教学提出反馈意见，同时更是直接参与中等职业学校人才培养的全过程，这有利于推进素质教育，增强学生的就业竞争力。总之，生涯导师制是一种企业和学校共同培养学生，以提高中职学生的职业能力、职业素质与就业竞争力为目标，利用企业和中等职业学校双重的教育环境与教育资源，采用课堂教学与工作实践的学习方式，培养不同行业与不同用人单位需要的理论知识扎实、职业能力强、职业素质高、职业心理健康的优秀人才的创新制度。

导师一般指知识丰富和具有智慧的人。设立"生涯导师"基于两个假设：一是人本身具有群性倾向，人的发展与成熟不可单靠个人的力量，成长需要年长者的协助；二是某些抽象的信念、价值观等难以在传统的课堂中传授，相反，通过人与人之间的紧密互动可有效地把有用的信息向下一代传递。生涯导师有别于校内专业课和文化课教师，主要体现为：其主要任务是向中职学生提供职业生涯发展理念、思维方式和价值观等方面的启迪与引导，而非进行文化知识或专业技能的传授；教育内容侧重于自我认知、职业认知、社会认知以及学业规划、就业规划、职业规划，并向学生的思想品德、心理健康、课堂学习、业余兴趣、人生理想等方面延伸；教育的方法是借助自己的经验、处事方法、态度、视野、智慧在相互的交往与交流过程中影响中职学生。

生涯导师的施教特点主要包括：一是面向个体，指导个性化。生涯导师制是以一位老师指导少量中职学生的方式，面向个体，针对中职学生的个体差异提供"一对一"的个性化指导。二是动态追踪，指导全程化。生涯导师制要求全体教师关注学生的学习、工作、生活等各个职业生涯教育环节，贯穿中职学生在校阶段以及毕业后较长一段时期的全过程，动态追踪中职学生的职业生涯发展情况。三是链接资源，指导专业化。生涯导师制可链接校内外资源，全面渗透与融通教师的职业生涯教育能力，对中职学生职业生涯发展提供专业化的指导，真正帮助中职学生获得职业生涯可持续发展的能力。

关于生涯导师的评价与考核方面：一是学生公开评价。学校制作"生涯导师墙"，生涯导师名单在"生涯导师墙"公布，有接受指导意愿的学生向学校提出申请，自主选择生涯导师签订"结对约定"。无人选择的生涯导师将没有学生可以指导，这是对生涯导师工作的一种柔性评价。二是积分考核。学校每周公示每位生涯导师的工作内容，并给予相应积分。三是成果推广。学校"职业生涯教育研究中心"安排专人整理生涯导师经验，收集结对师生交流的问题，每年汇编成案例集供全校教师教育教学借鉴与参考。

关于生涯导师的专业标准方面：一是要求具备科学完整的知识框架，如包括社会学、心理学、组织行为学等，具备有效沟通能力和一定的领导力，能够用有效的方式与学生交流。二是有较为丰富的生活经验和阅历，随时能吸收来自不同行业的信息与思想，能够对中职学生开展针对性的指导。三是有终身学习理念，对现代技术和社会发展趋势保持敏锐性，能够用新的思维理念引领中职学生的职业发展，要创设积极的生活方式，能够用积极的生活状态影响中职学生。为了提升生涯导师的专业化标准，学校"职业生涯教育研究中心"对初选的生涯导师组织专业培训，合格者颁发生涯导师聘书。

"生涯导师制"的实施途径主要包括以下四点[2]：

一是组建开放型生涯导师队伍。学校成立"职业生涯教育研究中心"，负责推荐、选拔、培训和聘请生涯导师。生涯导师主要来源于两个渠道：首先是校内选聘优秀管理干部，包括校级领导、中层干部、专业部部长、骨干教师、班主任；其次是在校企合作企业、教育研究机构及其他社会单位物色职场优秀人士。

二是构建"互联网+"交流平台。第一，建立两个职业生涯教育微信交流群：生涯导师交流群与生涯师生互动群。生涯导师交流群便于导师之间集中讨论遇到的职业生涯教育问题；在师生交流群中，生涯导师可以"一对一"地解答结对学生的各种疑问，实施个性化的指导，或者开展多方对话，共同解决其他学生的问题。第二，建立生涯指导中心微信公众号，开设导师心语、学生成长之声、学姐寄语、答疑解惑等固定栏目，每周推送相关内容，辐射"群"外。

三是开展"线上为主、线下为辅"的教育互动、微信定期分享活动。每周安排一个晚上一小时的分享时间，每次确定一名学生或者生涯导师在微信群分享。分享主题包括工作感悟、情绪管理、成果展示、知识管理等内容。分享过程中所有的生涯导师与学生都可以参与"围观"和点评。每次分享结束，群内师生共同交流，共同总结与反思，互相激励鞭策。重庆市女子职业高级中学每学年开展50余次师生分享活动，全年级90%以上的学生参与聆听或者交流。学生的分享展示了她们一步一步走向成熟与理智的心路历程，以及她们越来越明晰的职业生涯梦想，让老师们感到欣慰，让家长们感到自豪。

四是结对师生不定期"面对面"交流。学生在校期间，生涯导师对每一位结对学生进行"一对一"约谈，内容包括"你想做什么工作，需要学

---

[2]引自重庆市女子职业高级中学《"中职学生全程职业生涯教育研究"报告》。

校怎么帮你，知不知道学校的就业渠道有哪些，知不知道怎样与学校保持联系"等。学校定期组织生涯结对师生集中开展线下交流活动，每学期至少集中一次。生涯导师不定期赴工作单位看望结对弟子，了解学生的工作情况，进行面对面指导。

"生涯导师制"主要实现了三项创新：

第一，创新职业生涯教育模式。"生涯导师制"在中等职业学校尚属尝试。学校的职业生涯教育在原有"班建制""专业制"之外探索实施"生涯导师制"，构建了中等职业学校职业生涯教育新模式。在生涯导师制模式下，生涯辅导采取师生"一对一"方式，实现真正的个性化教育，更加符合职业教育规律和学生身心发展规律，提高了职业生涯教育的有效性。重庆市女子职业高级中学自实施生涯导师制以来，学生每年递交职业生涯规划书1 500多篇，100%的毕业学生能立足当前实际"量身定制"一份职业生涯规划，并进行动态调整。近几年，学生先后获得文明风采大赛国家级奖15个、市级奖540个。[3]

第二，创新职业生涯教育形式。互联网技术运用于教育、催生教育变革已经成为21世纪教育发展的鲜明特色。落实在中等职业学校，在职业生涯教育领域应该如何有效地运用却有多种可能。学校实施"生涯导师制"正是基于网络交流平台多样化的交流功能，灵活运用微信、QQ、微博和博客等多种网络交流工具实现师生思想碰撞和智慧分享。借助互联网技术建立师生网上适时交流平台，突破了时间、空间限制，顺应互联网时代人与人交流的新趋势，实现教育手段和教育方式的创新。学校建立的生涯指导中心微信公众号粉丝已经达到八千多人，师生微信互动十万余人次，生涯导师为学生答疑解惑上千个。

第三，创新师资队伍建设途径。教师是实施生涯教育的主导者。通过

---

[3]引自重庆市女子职业高级中学《"中职学生全程职业生涯教育研究"报告》。

建立生涯导师队伍，在学校原有师资之外吸纳社会资源，形成一支来自社会多个行业、具备不同知识结构、贴近中职专业实际的生涯导师队伍。他们不同的知识结构和职业背景能最大限度地与社会和行业实际实现对接，弥补中等职业学校现有德育教师知识结构单一、数量有限、职场实践经验欠缺的突出问题，找到加强学校职业生涯教育队伍建设的新路子。

生涯导师制主要达到了三个效果[4]：

第一，学生实现全面发展。学校"生涯导师"没有停留于做"职业规划师"，更不局限于做"就业指导师"，而是努力成为中职学生的"人生导师"。在实际工作中，既导"术"，即帮助中职学生专业知识和专业技能进步；更注重导"道"，即帮助中职学生深入理解人生的价值和生命的意义，树立社会主义核心价值观，立德树人，全面发展，达到服务中职学生职业生涯可持续发展的效果。通过每年中职学生在线上的分享，可以看到每一位学生的能力成长和心智成熟历程。实施"生涯导师制"以来，重庆市女子职业高级中学培养学生上万名，在全国、全市文明风采大赛、职业技能大赛、艺术竞赛中获奖上千项，其中黄宇娴获2010年全国文明风采演讲类第一名，得到全国政协原副主席张榕明和教育部领导高度赞誉。学生双证率98%、就业率100%，用人单位满意度98%，真正实现了全面发展。

第二，教师素质实现飞跃。"生涯导师制"成为学校教师队伍能力提升新的抓手。职业生涯教育"生涯导师制"模式下师生平等，亦师亦友。这种师生关系定位促使教育工作者深入了解当前"90后"和"00后"的话语体系与思想实际。教师在面对这些"新新人类"的过程中必须不断更新教育理念，反思教育教学方法。在教育过程中坚持以中职学生当前职业规划和职业体验遇到的问题为导向，实施心理疏导、品德教育、人格训练和

---

[4]引自重庆市女子职业高级中学《"中职学生全程职业生涯教育研究"报告》。

职业知识普及，充分体现以人为本的教育理念，贴近中职学生需求和行业实际，为中职学生提供了适合的教育。特别是与学生随机的、主题多样的交流模式使教育者重视从日常生活中生成教育资源，不断创新教育艺术，教师专业成长有了新动力。实施"生涯导师制"以来，基于对职业生涯教育深入的理论研究和深刻的实践体验，重庆市女子职业高级中学的生涯导师团队共同编写了职业生涯教育理论专著1本；撰写并发表职业生涯教育论文30余篇，14篇职业生涯教育论文获市级一、二、三等奖；出版了职业生涯教育教材1本。在此过程中，生涯导师学会了运用了31种现代化信息工具，改进了教育手段。

第三，办学理念实现升华。"生涯导师制"契合教育发展的时代脉搏，贴近素质教育的本质，为学校实践"升级版"办学理念提供了更大的舞台与契机。商业界在分析未来人们的消费需求时认为"90后"没有经历经济匮乏的时代，是注重体验的一代。借用商业语言表达，站在受教育者的角度，新时期学生的教育消费也是一种"体验式消费"，强调自主发展和个性表达。学校职业生涯教育实施"生涯导师制"，生涯导师与学生"一对一"的教育形式和平等交流的沟通方式满足了当代学生个性化、定制化的教育需求。在实施"生涯导师制"过程中，学校坚持更新办学理念，探索了人才培养的新方式、新渠道。近几年，学校开发了适合中等职业学校的全程职业生涯教育新工具，如中职学生《职业化成长护照》、职业生涯规划模板等；建立"职业生涯教育研究中心"，与市内外15所中等职业学校结成伙伴学校，开展职业生涯教育合作探究式推广活动；向市内外200余所职业学校推广该成果，产生了一定的影响力。总之，尊重教育规律，尊重学生身心发展规律，为每一名学生提供适合的教育，是每一位职业生涯教育教师的职责。我们要努力以教育本位的视角来审视我们的教育，回归常识、回归本分、回归初心、回归梦想。

第六节 不断完善职业生涯教育课程体系

建立和完善覆盖中职学生职业生涯发展的课程体系，使中职学生从认识自己到认识社会，从认识职业到选择职业。"课程的根本在于人，在于人的健康发展和自由成长。"[5]因此，生涯教育课程体系的改革与创新就应以这一"根本"为抓手，立足学生，树立"发展为本"的课程观念，坚持"可持续发展"的课程定位，整合创新课程内容，实施全程式课程教学。

第一，制订科学的课程计划。中等职业学校要对职业生涯教育课程的重要性给予充分的重视，将其列入每年必选课之列，将职业生涯教育贯穿学生的整个学习阶段，教务部门与教研室要制订切实的教学计划，针对中职学生的实际情况设置不同的教学模块，分阶段实施。加强课程环境建设，建立和健全课程的组织和领导机构，提高课程的地位。明确课程的学科属性，在课程建设上不断系统化和规范化。教务部门对其开设时间、教学秩序和教学效果要进行定期的严格检查。

第二，科学设置课程。职业生涯教育课程内容要覆盖职业认知教育、职业理想教育、职业生涯规划教育、职业素质教育、就业准备教育与创业教育等内容，全方位提升中职学生的综合素质，帮助学生合理定位职业方向，科学设计自己的职业发展道路。根据教学现状调查结果与时俱进地修改课程框架及其所要培养的能力以及职业生涯教育实施向导，为中等职业学校课程设计与实施提供相关参考案例，促进中职学生职业生涯发展。同时要注意以间接经验为主要内容的职业生涯教育课程与以直接经验为主要内容的职业生涯教育课程互相结合。也可以根据国家提供的职业生涯教育框架，结合学校实际情况制订相关校本课程，突出学校特色。

---

[5]张楚廷，彭道林.关于理论课程的若干问题[J]. 大学教育科学，2013（2）：124-127.

第三，自编教材。在结合目前所用教材的基础上，针对不同年级、不同专业的学生编写符合学生需要的辅助教材。教材应当具有一定的理论性与操作性，并且内容应该具有一定的前瞻性，能够起到对中职学生职业生涯发展的引领作用。

第四，立足学生，建立"发展为本"的课程观念。所谓课程观，"是人们对课程的基本看法。具体来说，课程观需要回答课程的本质、课程的价值、课程的要素与结构、课程中人的地位等基本问题。"[6]因此，课程观在一定程度上影响着课程设计、课程实施、课程评价，影响着学生的发展。[7]建立科学的课程观是改革与完善职业生涯教育课程体系的前提和基础。立足中职学生，建立"发展为本"的课程观念，就是强调一切从中职学生的发展出发，让所有中职学生得到全面和谐发展，让中职学生的个性得到充分张扬，并实现可持续发展。建立起这样一种课程观，就使整个课程建设有了正确的指导思想。建立"发展为本"的课程观念，就要将"以择业为本"转到"以学生发展为本"，坚持立足学生，把中职学生的职业生涯发展作为职业生涯教育的主旨。具体说就是不仅要关注中职学生当前的职业发展状况，更要关注他们的未来与前程，帮助他们获得面向社会和未来的可持续发展能力，并以此为最高目标。"为学生提供参与那些支持公共服务的学习机会（包括课程要求和课程学分）。通过这种实践教育形式，将学生参与满足人类和社会需求的活动与有意识设计、提升学生学习与发展水平的结构化的学习机会结合在一起。"[8]并把教育与他们的成长和价值实现及理想信念培养联系起来，促进他们的全面发展。[9]

---

[6]郭元祥. 课程观的转向[J]. 课程教材教法, 2001（6）: 11-16.

[7]王树凤, 叶绍梁. 论课程观的转变[J]. 复旦教育论坛, 2009（3）: 43-46.

[8]约翰·奥伯雷·道格拉斯. 从排行到适切: 论旗舰大学的范式转型[J]. 徐丹, 熊艳青, 译. 胡弼成, 校. 大学教育科学, 2016（3）: 4-21.

[9]马亚静, 谷世海, 王庆波. 我国高校职业生涯教育存在的问题与对策[J]. 教育探索, 2008（2）: 136-137.

　　第五，明确目标，坚持"可持续发展"的课程定位。搞好职业生涯教育课程建设，需要认清课程的重要性，明确课程定位。中等职业学校要围绕"立德树人"的育人目标对课程准确定位，清晰课程建设愿景。课程不能限于就业指导，而是要从促进中职学生全面发展的角度进行教育与指导。在教学目标方面不再局限于求职能力的辅导，更重要的是引导中职学生探索自我、确立生涯目标，帮助每一位中职学生找到属于自己的成长之路。课程目标是解决课程"为何设置"的问题，它的定位实质是一个价值选择的过程，反映着教育价值的取向。课程目标是课程建设的出发点和归宿，一切教育的核心都应是学生的全面发展和终身发展。基于中职学生对全面发展和终身发展的需求，职业生涯教育不能仅满足于告知中职学生该从事哪门工作，而是更要加强引导他们反思自己所处的环境、判断形势发展的趋势，教会他们生涯管理的方法。特别是突出职业决策、职业经营、职业调适的教育与指导，使学生终身受益，得到可持续发展。[10]具体来说，职业生涯教育的课程目标定位是帮助中职学生建立起职业生涯发展的自主意识和远大的职业理想，树立科学的世界观、积极的人生观、正确的价值观和职业观；基本了解职业发展的阶段特征，较为清晰地认识自己的特性、职业特性以及社会环境，了解职业世界，并掌握自我探索技能、信息搜索与管理技能、生涯决策技能以及各种通用技能，特别是提高职业经营能力与职业调适能力，获得全面发展和可持续发展。

　　第六，科学设计，着力整合创新课程内容。应当按照"发展为本"的课程观充分发挥其应有的整合性和系统性，联系中职学生的现实生活切实关注学生需求，依据课程目标科学设计，着力整合创新课程内容。在创设新的课程内容的基础上整合现有课程内容，形成职业生涯规划、职业素质培养及择业谋职指导等课程模块，使之构成一个既各自独立又相互衔接，

---

[10] 邓宏宝. 国外高校职业生涯教育课程开发与实施研究[J]. 学术论坛, 2013（12）：222–227.

有序递进、分段实施的课程模块。这是整合原有课程内容基础上的创新，既科学系统，有利于中职学生在不同阶段适时掌握相关知识和技能，又能帮助他们树立科学人生观，建立正确就业观，进而使中职学生在科学人生观的指引下增强职业发展的自主意识，依据人生发展规律理性地规划未来的发展，并不断提高职业素质和生涯管理能力，为终身发展、成功人生奠定扎实基础。

第七，统筹安排，实施全程式课程教学。课程活动方式即课程组织实施，主要解决课程"如何进行"的问题。有了正确的课程观、合理的课程目标以及完整的课程内容，还需一个科学的课程活动方式，才能构成一个整体优化的课程体系。课程的教学安排应以课程定位和培养目标为依据，以全程为原则，针对学生各不同阶段的学习特点与需求有计划、分阶段循序渐进地展开。对中职一年级学生主要是开展"职业生涯规划"模块的教学，让他们从入学开始就获得职业意识的教育，帮助他们逐步树立科学的人生观，并以此引领整个职业生涯教育乃至自己的一生；帮助他们了解自我，了解职业世界，了解专业与职业之间的关系以及职业对人的要求，初步制订职业生涯规划，尽早谋划未来。对中职二年级学生主要施教"职业素质培训养成"模块，帮助他们认识素质对人生的重要性，明确学习目的，建立切实可行的学习计划；帮助他们正确评估自我，根据职业要求塑造和完善自己，同时指导其学好知识，提高能力，并拓展个人兴趣，提高职业素质。对中职三年级的学生主要开展"择业谋职指导"模块教学，帮助他们建立正确的择业观，提高职业决策能力，在思想上、精神上、技能上做好谋职就业准备，特别是加强创业意识、创业精神、创业素质的培养；指导中职学生根据自己的职业生涯发展规划做好求职准备，积累职业经验，培养创业能力，增强职业适应性；根据中职学生择业期的特点和困惑开展政策、技巧、心理测试等方面的咨询或指导，帮助他们实现高质量就业；特别是加强学生职业经营与调适的教育与指导，使他们为走向社会成为"职业人"作好充分准备。

第八，中等职业学校设置的职业生涯教育课程应主要分为四个类型：一是与职业相关的基础课程。例如礼仪、劳动的意义、职业人等，这方面的课程对中职学生树立正确的劳动观、职业观有非常大的作用，可以为中职学生将来从事某项职业打下坚实的基础。二是促进职业生涯形成方面的课程。例如职业生涯规划、职业生涯决策等，这方面的课程促使中职学生根据自己的兴趣、能力、人格来选择职业，对自己的生涯有所规划，即了解自己从而选择职业。三是取得相关资格证书的课程。例如公务员考试、外语资格考试、计算机考试等方面的课程，这些课程帮助中职学生获得与职业相关的资格证书，从而有利于将来的就业。四是就业体验课程。就业体验与其他类型的课程不同，其他类型的课程都是在教室中就可以进行的，而就业体验是要走向企业内部进行的。它是指所有中职学生在学校期间、在企业等社会组织中进行一定时间的职业劳动生活体验从而加强职业意识、初步形成职业价值观及获得职业机会的就业体验活动。

第七节　采用多元化职业生涯教育教学方法

多元化职业生涯教育教学方法有以下五点：

第一，课程介入与教学渗透相结合。通过开设专门的职业生涯教育课程，以正规教学形式由专职职业生涯教育教师或职业指导专家担任教学工作，全面系统地向中职学生传授职业生涯发展的知识。同时，将职业规划理念有机渗透到其他学科的教育教学活动中，尤其在各门专业课程教学之中。

第二，专题讲座与个性指导相结合。开设有针对性的专题讲座，以中职学生职业生涯规划过程中所遇到的问题为主题,帮助中职学生解决职业生涯规划实践过程的实际问题,也可将有相似问题或相同需求的学生组成小组,让中职学生在指导下相互讨论启发并解决问题。在中职学生实际探索职业生涯的过程中,每个人遇到的困惑都是不同的,因此在专题讲座、团体辅导的同时,还应坚持因材施教的教育理念,结合使用个别辅导。还可开设职业咨询室,以"面对面""点对点"的咨询方式为中职学生提供个性化的职业指导服务。这样可以有效帮助中职学生选择达成职业发展目标的路线、制订相应方案并落实,促使中职学生去了解和分析自己的个性特点,发挥自身主观能动性,规划适合自己的职业生涯。

第三,模拟演练与实践体验相结合。在对中职学生进行职业理想、职业道德、职业纪律与职业规范等教育时,把模拟演练与实践体验有机结合。模拟演练与实践体验中都应加入创业教育,通过在校期间的模拟创业,可让中职学生在应用专业知识和技能模拟创业的同时渗透自主、自强的创业意识和独立、敢为、合作等优秀创业心理,激发中职学生开办企业的愿望,培养其创业态度和创业素质。

第四,职业测评与咨询辅导相结合。国内企业、社会及相关领域关于职业生涯规划咨询、测评及培训的工作对中等职业学校实施职业生涯教育有重要借鉴作用。人才测评能准确地描述个人性格,有利于中职学生对自己深入了解,可使中职学生更有意义地度过学习生活,对未来的职业选择有较好的参考性。在参考职业测评的基础上,还需探索实践多形式的咨询辅导,提高对中职学生职业指导的准确性。咨询辅导主要运用心理学方法和手段帮助中职学生解决在学习和职业探索过程中所遇困惑,培养中职学生在择业和社会竞争中所必需的各种能力和信心,促进其职业生涯规划顺利发展。

第五,范例引导与同伴互助相结合。近年来,各中等职业学校普遍加强了对中职毕业生的跟踪回访工作,建立了较完备的毕业生人才档案,使得开展范例引导成为可能。范例引导主要包括职业生涯规划结果范例和过程范例两类，以事实说服为主，具有真实性、现实性、可模仿性，易被中职学生接受采纳。同伴互助是指通过中职学生间相互帮助、启发和引导进行同辈职业生涯教育。中职学生大多处于从依赖走向独立的时期，其情感交流倾向于同龄人。根据中职学生的此种心理特点，让中职学生自由组成职业生涯教育学习小组，形成平等互助的学习团体。两种方法相结合有助于确立中职学生自身职业生涯目标，选择职业生涯发展通路，制订职业生涯规划方案。

第八节　推动我国职业生涯教育的价值转变

推动我国职业生涯教育的价值转变包括以下四点：

第一，突出中职学生的主体地位，唤醒中职学生的独立性。传统的就业指导更多的是指导中职学生实现与用人单位的顺利对接，其主要任务是帮助中职学生找到一份好工作。职业生涯教育则是对个体人生发展基本路径的设计和规划，既包括中职学生在毕业阶段正确进行职业选择的基本素养，也包括中职学生在人生发展的不同阶段做出科学职业决策的基本技能；既关注中职学生的现实需求，也关注中职学生的长远需求和终身发展能力。职业生涯教育的精髓是突出中职学生的主体地位，培养中职学生独立工作的能力和创造性思维。在实践过程中，既注重以正确的价值观引导中职学生，又注重个人兴趣和创新能力的塑造以及批判性思维和社会责任感的培养，实现从传统的就业指导到职业生涯教育的转变，从帮助中职学生找工作向教会中职学生找工作的转变。我国职业生涯教育既要教给中职学生完整的职业生涯教育的相关知识，使中职学生形成规范系统的知识体系，更要把知识转化为技能，理论结合实际，使中职学生全面掌握职业生涯规划的程序和方法，突出培养中职学生分析和解决实际问题的能力。在此基础上重点强调情感、态度和价值观教育，通过职业生涯规划课程培养中职学生积极健康向上的情感、态度和价值观。

第二，明确职业生涯教育价值，完善生涯辅导组织模式。首先，在职业生涯设计理念方面，职业生涯教育应以提高"受雇能力"为中心、"重在唤醒"的教育理念校正我国的职业生涯教育价值定位不够准确的问题。"重在唤醒"的理念将职业生涯教育和辅导与中职学生所学的专业课程进行了准确定位，深刻地揭示了职业生涯教育的本质属性，从而使得职业生涯教育完全从中职学生学习和接受的视角出发，充分尊重和体现学生的主体地位，有效地激发中职学生的潜能。其次，在职业生涯教育运行方式方面应充分运用网络媒体开发课程的成功做法，有效解决职业生涯教育实施对象不够广泛、针对性有待提高的问题。通过全方位利用网络功能主动向中职学生征求课程形式和内容，根据中职学生的实际需求有针对性地开发网络课程，为中职学生提供多样化的互动空间，增加课程的弹性，确保个性化教育真正落到实处。最后，在职业生涯教育组织模式方面，应充分发挥就业指导中心职员、专业教师和校友等相关社会人员三支力量的作用，有效协调职业生涯教育与专业教育和社会教育的关系，提升职业生涯教育在学校的地位和影响力。

第三，高度重视市场需求，广泛实际体验就业。既注重按照雇主对人才的要求来培养毕业生的综合素质，也注重通过多种方式促进毕业生广泛实际体验就业市场，在此过程中实现人才培养与市场需求的信息对称。强调培养中职学生的"受雇能力"，持续加强与雇主的联系，高度重视雇主对中职毕业生的需求，及时听取雇主对中职毕业生的意见和建议，以此作为中等职业学校完善人才培养方案的重要参考。我国职业生涯教育应致力于以就业为导向的办学指导方向，教学和课程设置均紧密结合国内和全球经济发展的实际，围绕社会最新的发展和需要设置课程内容。

　　第四，强调职业生涯教育的全程性。基于生命历程的生涯教育与评估体系，生涯发展是随着人的身体、知识、能力、经历、视野等的发展而连续发展的历程。人生每个阶段都有其自身不同的职业生涯发展任务，职业生涯发展是随着生涯任务的变化而有机融合、逐步过渡、系统衔接的过程，不能片面、机械、割裂地将职业生涯发展的教育和辅导任务仅停留在某个阶段或某个时期。教育应当促进每个人的全面发展，即身心、智力、审美意识、个人责任感、精神价值等方面的发展。职业生涯教育的目的是使中职学生形成一种独立自主的、富有批判精神的思想意识以及培养自己的判断能力，以便由他自己确定在人生的各种不同阶段应该做的事情。所以，整个过程更多地凸显出作为一个社会人的主观能动性，更加强调职业生涯教育的连贯性和递进性，在教育中树立系统性、全程性的职业生涯教育意识。各学段的生涯教育应整合资源，统一规划，教育目标和教育内容既相对独立又相互衔接，突出各学习阶段职业生涯教育的任务、重点和特色，避免教学内容雷同、重复和空洞。

第九节　注重全程职业生涯教育的推广与应用

　　中职学生全程职业生涯教育理念拓展了职业生涯规划课程的内涵和外延，实现了职业生涯教育的理论创新。根据中职学生全程职业生涯教育的经验：通过开发校本课程，能够形成全程职业生涯教育课程体系；构建与课程体系配套的活动体系，填写成长护照，实施活动引领，能够促进课堂教学与实践活动双向互动；通过成立职业生涯教育研究中心，实施"生涯导师制"，能够形成师生"一对一"的导学关系；运用现代化信息工具，建立信息化平台，能够促进师生双向互动，在职业生涯教育改革上取得了突破。以"课程开发、活动引领、双向互动"的理念实施的中职学生全程职业生涯教育具有创新性、科学性和可行性，在中等职业学校中具有广泛推广与应用价值，为中职学生职业生涯教育做出了贡献。中职学生全程职业生涯教育推广的主要内容应包括四点。

一、中职学生"三点一线"全程职业生涯教育模式

"三点一线"全程职业生涯教育模式主要是指以"兴趣、能力和价值"为三点，以"定位期、适应期、发展期、转型期和平衡期"为职业生涯发展主线的全过程生涯教育模式（图8-1）。[11]

图8-1 "三点一线"全程职业生涯教育模式

大多数人的职业生涯发展会经历五个时期：定位期、适应期、发展期、转型期和平衡期。学生进校前选择专业、实习前选择岗位、就业前选择行业会经历定位期；刚进学校、刚入职场、刚转型会经历适应期；适应之后，又会经历发展期；在有了一定的核心竞争力之后，又会经历升学、晋升、跳槽等转型期；在取得了一定成绩之后，会进入平衡期。将这五个时期串联起来就构成了一个人生涯发展的主线，而每个时期的发展，又都

[11]引自重庆市女子职业高级中学《"中职学生全程职业生涯教育研究"报告》。

始终围绕兴趣、能力和价值三个点进行循环发展。兴趣消失，会产生厌倦感；能力缺乏，会产生焦虑感；价值缺失，会产生失落感。

二、"一中心、一模式、一平台、三个化"的生涯教育操作体系

中职学生全程职业生涯教育操作体系的特点可概括为"一中心、一模式、一平台、三个化"。其中，"一中心"是指学校设立的"生涯教育研究中心"，中心邀请国内在生涯教育方面比较权威的人士作为指导专家。"一模式"是指学校建立的"三点一线"全程生涯教育模式。"一平台"是指学校建立的生涯导师资源平台。"三个化"主要是指学校生涯教育的全程化、专业化和个性化，即职业生涯教育贯穿学生入校前、在校期间、一直到毕业后至少3~5年的全过程；派部分老师到专业的生涯教育机构接受专业化的培训；实施生涯导师制，针对不同的个体进行个性化的指导和服务（图8-2）。[12]

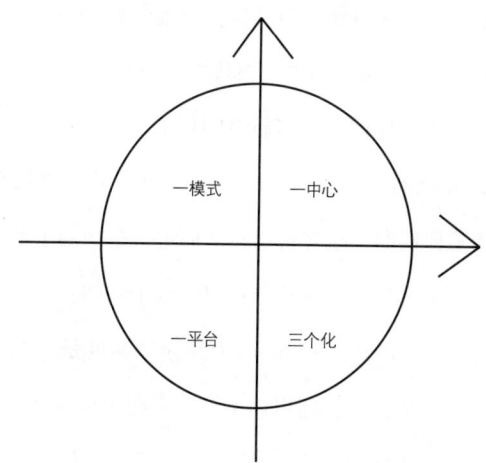

图8-2 "一中心、一模式、一平台、三个化"全程职业生涯教育操作体系

[12] 引自重庆市女子职业高级中学《"中职学生全程职业生涯教育研究"报告》。

三、推行中等职业学校"导师制"

生涯导师是指从学生确立实习单位开始便对他们进行全程关注和指导的教师，生涯导师对学生的关注时间长度可以是五年、十年，甚至是终生。生涯导师制度具有非常重要的意义。第一，解决毕业生就业追踪的问题。大多数学校是通过建立就业网站对毕业生进行就业追踪，但是这种方式只能说是对刚毕业的学生进行了就业信息登记而已。多年后，自己学校的学生到底在从事什么职业，就业情况如何，薪酬高低情况，学校并不清楚。而实施生涯导师制可以让生涯导师与学生之间保持长期的联系。生涯导师很清楚学生的就业情况和生活情况，学校自然而然地便解决了毕业生就业追踪的问题。第二，解决感恩教育的问题。据统计，毕业生离开母校后，对学校仍然还有依恋的不到10%，原因多种多样。很多学校试图改变这种现状，请了一些专家到校开展感恩教育的讲座，但是收效甚微。而学校实施生涯导师制后，生涯导师可以在学生迷茫时为其指点迷津，在他们人生失意时带他们走出低谷，在他们遇到困难时给予无私的帮助……为学生提供这样的服务，学生自然会对学校、对老师充满感激之情，感恩教育问题也迎刃而解。第三，深入了解"90后""00后"。"90后""00后"是个性鲜明的新生代，他们有很多新奇的想法，只有不断地走进他们，深入地了解他们，才能对他们进行有效的教育和管理。而做他们的生涯导师，全程关注和陪伴他们，正好可以对他们进行全面的了解。[13]

运行生涯导师制度的流程主要包括以下八个步骤：

第一，成立生涯指导中心。运行生涯导师制度是一项系统工作，校长一个人做不了，单靠就业部门也做不了，需要全校教师都参与进来。首先，可以成立"生涯指导中心"，实行"一把手"负责制，各专业部配备专职就业干事，各班组建工作小组，形成"学校—专业部—班级—学

---

[13]引自重庆市女子职业高级中学《"中职学生全程职业生涯教育研究"报告》。

生"四级联动的工作体系。由校务会成员带头,每位教师认领1~10名学生,从实习前一学期开始进行长期关注和指导;学生离校前进行一对一的约谈。

第二,教师自主申请。担任生涯导师是一项公益活动,只有发自内心地觉得有意义,才会产生实际的效果。因此,在运行的过程中,采用教师自主申请的方式吸纳一部分自愿者加入生涯导师队伍会更加人性化。

第三,生涯导师资格培训。在确定了自愿者名单之后,需要对他们进行系统化、专业化的任职资格培训,只有培训合格者才能获得资格证书,正式成为生涯导师。

第四,建立生涯导师墙。正式成为生涯导师后,生涯导师将与学校签订责任书。学校建立生涯导师墙,让学生自主申请、自主选择自己心仪的生涯导师。

第五,师生结对承诺。为了师生今后能够履行各自的承诺,有必要举行生涯导师与学生的结对承诺仪式,让每一对师生签订结对承诺书。承诺书一式三份,师生各自一份,学校保留一份作为鉴证。

第六,建立导师之间、师生之间的交流平台。为了更加及时、有效地开展关注与指导工作,有必要建立生涯导师群和师生交流群。生涯导师群的主要功能是分享生涯导师的指导经验、解决生涯导师的困惑,师生交流群的主要功能是学生提问、生涯导师答疑。

第七,进行积分制管理。为了确保生涯导师制持续有效,对生涯导师采用积分制管理,通过积分可以很清楚地看到导师的指导效果。可以每月公布一次积分,学校根据累计积分的高低对生涯导师进行年度表彰。

第八,收集、整理、汇编。安排专人收集、整理师生交流的问题,每年汇编成案例小册子供全校教师教学借鉴,必要时可以在中职学校进行推广。同时通过生涯导师收集学生就业情况,每年形成就业追踪报告,有利于改进学校的招生工作和教学工作。[14]

---

[14]引自重庆市女子职业高级中学《"中职学生全程职业生涯教育研究"报告》。

四、探索"互联网+"全程职业生涯教育新途径

首先，构建"互联网+"交流平台。第一，建立两个生涯教育微信交流群：师生交流群和导师交流群。在师生交流群中，导师"一对一"解答结对学生的各种疑问，实施个性化的指导；也在群内开展多方对话，共同解决其他学生的问题，或者共同讨论共性的话题。第二，建立生涯教育微信公众号，开设导师心语、学生成长之声、榜样人物、学姐寄语、答疑解惑等固定栏目，定期推送相关内容，辐射"群"外。

其次，开展"线上为主、线下为辅"的教育互动。第一，微信定期分享活动（生涯导师分享模式如图8-3所示）。

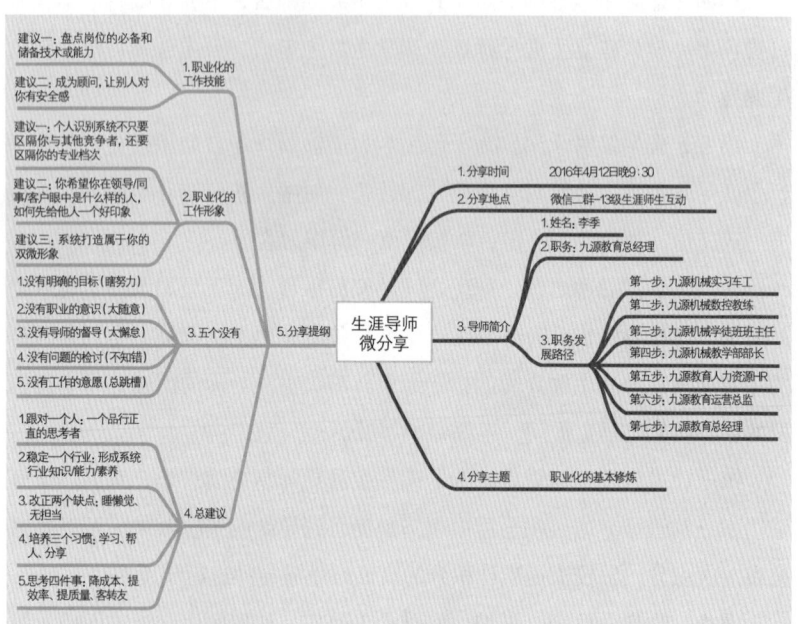

图8-3　生涯导师"微分享"模式

以重庆市女子职业高级中学开展生涯导师"微分享"为例，学校每周二晚上安排一个小时的分享时间，每次确定一名学生或者导师在师生交流群分享近期学习、生活的心得，展示语言表达和其他才艺。所有的导师

与学生都可以参与"围观"和点评。2016年4—5月，在2013级学生毕业实习即将结束之际，学校组织学生开展以毕业实习汇报为主题的专题分享活动。分散在北京、福建、重庆市内等全国各地实习岗位的学生不分专业，两人自愿组合为一组，在"生涯师生分享"微信群内共同分享一次，内容包括实习经历、职业岗位认识、工作经验与感悟、个人职业发展思考等。每次分享结束，群内师生共同交流，共同总结与反思，互相激励鞭策。仅本学年就先后开展50余次师生分享活动，全年级90%以上的学生参与了聆听或者交流。这些孩子们的每一次分享都充分展示了她们一步一步走向成熟与理智的心路历程以及她们越来越明晰的职业生涯梦想，让老师们欣慰，让家长们自豪。

最后，结对师生通过网络视频"面对面"交流。一是学校定期组织师生开展线上线下的集中交流活动；二是学校规定主题的定时交流，如学生实习离校前，职业生涯教育导师通过视频，针对实习目标、职场规则与可能面对的实习难题等内容对每一位结对子的学生"一对一"远程约谈；三是"结对师生"针对学生面临的个性化问题自主确定网络交流的时间及内容。[15]

---

[15]引自重庆市女子职业高级中学《"中职学生全程职业生涯教育研究"报告》。

参考文献

著作类:

[1] 中华人民共和国教育部. 中等职业学校德育课课程教学大纲汇编[M]. 北京: 高等教育出版社, 2009: 2.

[2] 丹尼尔·坦纳, 劳雷尔·坦纳. 学校课程史[M]. 崔允漷, 等, 译. 北京: 教育科学出版社, 2006: 204.

[3] 沈之菲. 生涯心理辅导[M]. 上海: 上海教育出版社, 2000: 20-88.

[4] 祝怀新. 英国基础教育[M]. 广州: 广东教育出版社, 2003: 56-58.

[5] 孙培青. 中国教育史[M]. 上海: 华东师范大学出版社, 2000: 366.

[6] 中华职业教育社. 黄炎培教育文选[M]. 上海: 上海教育出版社, 1985: 14.

[7] 黄炎培, 江恒源, 杨卫玉, 等. 中华职业教育社创设比乐中学意旨书(社史资料选辑第四辑职业指导)[M]. 上海: 中华职业教育社, 1988: 225-226.

[8] 中国社会科学学院语言研究所词典编辑室. 现代汉语词典[M]. 6版. 北京: 商务印书馆, 2015.

[9] 中共中央马克思恩格斯列宁斯大林著作编译局. 马克思恩格斯全集(第1卷)[M]. 北京: 人民出版社, 1956: 120.

[10] 塞缪尔·H. 奥西普, 路易丝·F. 菲茨杰拉德. 生涯发展理论[M]. 4版. 顾雪英, 姜飞月, 等, 译. 上海: 上海教育出版社, 2010: 52-53, 77.

[11] 叶澜, 杨小微. 教育学原理[M]. 北京: 人民教育出版社, 2007: 310-311.

[12] 查有梁. 教育建模[M]. 南宁: 广西教育出版社, 2000: 21.

[13] 《教育大辞典》(增订合编本)编纂委员会. 教育大辞典(增订合编本上)[M]. 上海: 上海教育出版社, 1997: 1815.

[14] 徐笑君. 职业生涯规划与管理[M]. 成都: 四川人民出版社, 2008: 22-23.

[15] 中国社会科学院语言研究所词典编辑室. 现代汉语词典[M]. 2版. 北京: 商务印书馆, 1993: 1483.

[16] 沈之菲. 生涯心理辅导[M]. 上海: 上海教育出版社, 2000: 3.

[17] 宋争辉. 大学生职业生涯规划影响因素研究——以教学型本科院校为对象[M]. 北京: 人民出版社, 2012: 30-31.

[18] 联合国教科文组织总部. 教育: 财富蕴藏其中——国际21世纪教育委员会报告[M]. 联合国教科文组织总部中文科, 译. 北京: 教育科学出版社, 1996: 223.

[19] 詹姆斯·R.埃文斯, 威廉·M.林赛. 质量管理与质量控制[M]. 焦叔斌, 译. 北京: 中国人民大学出版社, 2011: 14-15.

[20] 潘开灵, 白烈湖. 管理协同理论及其应用[M]. 北京: 经济管理出版社, 2006: 27.

[21] 许国志, 顾基发, 车宏安. 系统科学[M]. 上海: 上海科技教育出版社, 2000.

[22] 卫虎娃. 管理导航——企业目标管理手册[M]. 北京: 人民中国出版社, 1998: 27.

[23] 弗里曼. 战略管理: 利益相关者方法[M]. 王彦华, 梁豪, 译. 上海: 上海译文出版社, 2006: 63.

[24] 哈罗德·科兹纳. 项目管理: 计划、进度和控制的系统方法[M]. 10版. 杨爱华, 王丽珍, 石一辰, 等, 译. 北京: 电子工业出版社, 2012: 79.

[25] 翟鸿祥. 行业协会发展理论与实践[M]. 北京: 经济科学出版社, 2003: 3.

[26] 斯坦利·海曼. 协会管理[M]. 魏晓欧, 徐京生, 于晓丹, 译. 北京: 中国经济出版社, 1985: 125.

[27] 吕会霖. 新世纪思想政治工作[M]. 上海: 上海人民出版社, 2005: 80.

[28] 马克思, 恩格斯. 马克思恩格斯选集(第一卷)[M]. 北京: 人民出版社, 1995: 122.

[29] 赫尔曼·哈肯. 协同学——大自然构成的奥秘[M]. 凌复华, 译. 上海: 上海译文出版社, 2005: 100–118.

[30] 吴彤. 自组织方法论研究[M]. 北京: 清华大学出版社, 2001: 48–49.

[31] WATTS T, LAW B. Schools, Careers and Community: A Study of Some Approaches to Careers Education in Schools[M]. London: Church House Publishing, 1997: 67–77.

[32] WATTS A.G. Rethinking Careers Education and Guidance: Theory, Policy and Practice[M]. London: Routledge, 1996: 35–44.

[33] ANDREWS D. Careers Education in Schools[M]. Staffordshire: Highflers, 2011: 79–110.

[34] ELIAS J, MERRIAN S. Philosophical foundations of adult education[M]. Malabar: Krieger Publishing Company, 2005:117–123.

[35] EDGAR F, FELIPE H, ABDUL–RAZZAK K, et al. Learning to be–The world of education today and tomorrow[M]. Paris: the United Nations Educational, Scientific and Cultural Organization, 1982: 21.

期刊类:

[1] 王继平. 新时代　新目标　新作为[J]. 中国职业技术教育, 2017(34): 5–7.

[2] 徐桂庭. "中国制造2025"背景下的现代职业教育发展路径探析——第四届闵行职教论坛在上海召开[J]. 中国职业技术教育, 2015(25): 25–33.

[3] 陈诗慧, 张连绪. "中国制造2025"视域下职业教育转型与升级[J]. 现代教育管理, 2017(7): 107–113.

[4] 于志晶, 刘海, 岳金凤, 等. "中国制造2025"与技术技能人才培养[J]. 职业技术教育, 2015, 36(21): 10–24.

[5] 刘延东. 在全国职业教育工作会议上的讲话[J]. 职业技术教育, 2014(18): 33–37.

［6］ 晓阳. 深化中等职业教育教学改革　提高中等职业教育教学质量——教育部下发《关于进一步深化中等职业教育教学改革的若干意见》[J]. 中国职业技术教育, 2009 (7)：8-10.

［7］ 陈军, 董丁戈. 职业生涯教育与人的全面发展[J]. 当代青年研究, 2005 (12)：19-22.

［8］ 熊贤君. 普通中学实施生计教育的思考[J]. 教育评论, 2002 (3)：39-41.

［9］ 夏勇, 竺辉. 中等职业学校实施职业生涯教育的理性思考[J]. 职业教育研究, 2005 (12)：47-48.

［10］ 陈慧珍, 苗素莲. 高职职业生涯教育的多维度分析与改进策略[J]. 广州职业教育论坛, 2012, 11 (6)：10-14.

［11］ 刘宇晖. 中职学生职业生涯规划教育途径探析[J]. 职业技术教育, 2008 (35)：90-91.

［12］ 王中, 顾建军. 中等职业学校职业生涯课程的实施路径[J]. 职教论坛, 2008 (21)：7-9.

［13］ 曹国标. 中等职业学校生涯教育的误区及对策[J]. 职业, 2011 (10)：21-22.

［14］ 刘义兵. 美国的生计教育运动[J]. 外国教育动态, 1988 (4)：22-26.

［15］ 田夫. 美国的生计教育[J]. 外国中小学教育, 1994 (3)：43-44.

［16］ 刘晓倩. 英国中学生生涯教育述评[J]. 外国中小学教育, 2014 (6)：28-32.

［17］ 邹韬奋. 职业指导之真谛[J]. 教育与职业, 1923 (48)：1-3.

［18］ 刘荣军. 关于高校职业规划教育的思考[J]. 中国大学生就业, 2006 (10)：52-53.

［19］ 徐涛. 我国近五年来主体间性教育研究综述[J]. 现代教育科学, 2006 (4)：113.

［20］ 周军平. 建构主义学习理论及其倡导的教学模式[J]. 兰州交通大学学报：社会科学版, 2006, 25 (2)：121-124.

［21］ 张金秀. 多元智能理论与全球教育转型——2010年北京多元智能理论国际研讨会综述[J]. 比较教育研究, 2011 (3)：88-90.

［22］ 金一鸣. 中学开展职业指导的探索[J]. 中国教育学刊, 1990 (6)：52-53.

［23］ 吕华盛. 基于自我认知能力提升的职业生涯规划研究[J]. 产业与科技论坛, 2016, 15 (15)：234-235.

［24］ 谢凌玲, 谢东. 战略人力资源管理研究的新进展[J]. 当代经济管理, 2005 (6)：134-136.

［25］ 徐健. 职业教育"双师型"教师：认识与实践[J]. 教育发展研究, 2006 (12)：27-29.

［26］ 申文缙, 周志刚. 协同视域下德国职业教育教师培训体系研究[J]. 外国教育研究, 2017 (4)：115-128.

［27］ 刘菊, 戴军, 解月光. 自组织理论及其教育研究应用前景探析[J]. 远程教育杂志, 2012 (1)：37-45.

[28] 韩彦芳，欧阳志红. "中国制造2025"背景下职业教育人才培养的思考[J]. 职业，2016(6)：22-23.

[29] 陈胜. 校企合作利益主体的责权与角色定位研究[J]. 教育与职业，2013(30)：18-20.

[30] 贾旻. 行业协会参与现代职业教育治理的合理性探析[J]. 中国高教研究，2016(2)：106-110.

[31] 郭学毅. 基于马斯洛需要层次理论下的高校人力资源管理[J]. 人力资源管理，2014(5)：211-213.

[32] 郝文武. 教学方式对能力发展作用的价值取向和实践整合[J]. 北京师范大学学报：社会科学版，2007(3)：15-21.

[33] 魏登，王英臣. 应用型本科人才职业认知能力培养探究[J]. 人才资源开发，2017(11)：110-111.

[34] 夏甄陶. 知识的力量[J]. 哲学研究，2000(3)：3-12，79.

[35] 王祓矅. 应用型本科院校新生职业前瞻教育探索[J]. 科技信息，2012(20)：490-491.

[36] 顾伟. 引入虚拟公司项目 提升学生创业能力——以苏州工业园区职业技术学院为例[J]. 唯实(现代管理)，2014(1)：55-57.

[37] 陈姗姗. 职业测评工具在高校职业指导中的运用研究——以强化职业指导师资力量为主要调整方向[J]. 职教论坛，2017(14)：22-26.

[38] 孙绵涛，康翠萍. 教育机制理论的新诠释[J]. 教育研究，2006(12)：22-28.

[39] 齐宏博. 科学发展观与大学生个性化发展[J]. 江苏高教，2009(3)：96-98.

[40] 文喆. 以人为本和教育的几个问题[J]. 山东社会科学，2008，9(1)：9-14.

[41] 杜瑛. 协商与共识：提高评价效用的现实选择——基于第四代评价实践的分析[J]. 教育发展研究，2010(17)：47-51.

[42] 卢立涛. 回应、协商、共同建构——"第四代评价理论"述评[J]. 内蒙古师范大学学报：教育科学版，2008，21(8)：1-6.

[43] 申文缙，周志刚. 德国职业教育教师培训效果评价研究[J]. 河北大学成人教育学院学报，2016，18(1)：90-96.

[44] 邓宏宝. 国外高校职业生涯教育课程开发与实施研究[J]. 学术论坛，2013(12)：222-227.

[45] 郭元祥. 课程观的转向[J]. 课程教材教法，2001(6)：11-16.

[46] 刘甜甜，张博. 大学生职业生涯规划的课程研究与走向分析[J]. 黑龙江高教研究，2013(6)：99-101.

[47] 马亚静，谷世海，王庆波. 我国高校职业生涯教育存在的问题与对策[J]. 教育探索，2008(2)：136-137.

［48］约翰·奥伯雷·道格拉斯. 从排行到适切: 论旗舰大学的范式转型[J]. 徐丹, 熊艳青, 译. 胡弼成, 校. 大学教育科学, 2016 (3): 4–21.

［49］王树凤, 叶绍梁. 论课程观的转变[J]. 复旦教育论坛, 2009 (3): 43–46.

［50］张楚庭, 彭道林. 关于理论课程的若干问题[J]. 大学教育科学, 2013 (2): 124–127.

［51］GUICHARD J. A Century of Career Education: Review and Perspectives[J]. Internat. Jul. for Educational and Vocational Guidance, 2001(1):165–166.

［52］WATTS A.G. Career Education for Young People: Rationale and Provision in the UK and Other European Coutries[J]. Internat. Jnl. for Educational and Vocational Guidance, 2001(1):217–218.

电子资源类:

［1］习近平: 决胜全面建成小康社会　夺取新时代中国特色社会主义伟大胜利——在中国共产党第十九次全国代表大会上的报告[R/OL]. (2017-10-27)[2018-02-14].

［2］周济. 国务院关于职业教育改革与发展情况的报告[EB/OL]. (2009-04-22)[2018-01-13].

［3］舒尔茨的人力资本理论[EB/OL]. [2018-01-25].

［4］国务院关于加快发展现代职业教育的决定[R/OL]. (2017-10-27)[2018-02-14].

［5］全程生涯教育: 让每位学生学会规划人生[EB/OL]. (2013-08-06)[2018-01-31].

［6］360百科: 中等职业学校[EB/OL]. [2018-02-16].

［7］关于全面推进素质教育、深化中等职业教育教学改革的意见[EB/OL]. (2014-10-11)[2018-02-11].

学位论文:

［1］芦羿君. "工匠精神"融入中等职业学校德育的研究[D]. 石家庄: 河北师范大学, 2017.

［2］王功义. 中等职业学校生涯教育探究[D]. 福州: 福建师范大学, 2009.

［3］刘宇航. 全程化中职学生职业生涯规划教育体系构建研究[D]. 重庆: 重庆理工大学, 2015.

［4］王妮. 西方生涯发展理论对我国高职生就业指导的启示[D]. 杨凌: 西北农林科技大学, 2008.

［5］靳玉梅. 美国职业生涯教育及启示[D]. 曲阜: 曲阜师范大学, 2011.

［6］孟可可. 英国普通中学生涯教育研究[D]. 上海: 上海师范大学, 2015.

［7］吕显然. 日本职业生涯教育研究及启示[D]. 青岛: 青岛大学, 2014.

［8］黄饶宇. 中等职业学校职业生涯教育实施策略研究[D]. 长春: 东北师范大学, 2007.

［9］刘元. 美国K-12生涯教育实践模式研究[D]. 上海: 华东师范大学, 2008.

［10］李卫华. 美国犹他州7年级生涯教育研究[D]. 重庆: 西南大学, 2009.

［11］田必琴. 民国时期职业生涯教育研究[D]. 保定: 河北大学, 2010.

［12］王美凡. 中职学生职业生涯教育现状及实施途径研究[D]. 桂林: 广西师范大学, 2008.

［13］孔夏萌. 高校职业生涯教育课程研究[D]. 重庆: 西南大学, 2013.

［14］耿洁. 职业教育校企合作体制机制研究[D]. 天津: 天津大学, 2011.

［15］陈鹏. 澄明与借鉴——人本主义视角的美国职业教育研究[D]. 天津: 天津大学, 2012.

［16］居峰. 高校主体间性思想政治教育研究[D]. 北京: 中国矿业大学, 2014.

［17］金盛. 涨落中的协同: 中高职衔接一体化教育模式研究[D]. 重庆: 西南大学, 2013: 2.

［18］陈禹. 人力资源开发背景下美国高校职业生涯教育研究[D]. 长春: 东北师范大学, 2011.

［19］丁朔. 中职学生心理资本、生涯信念和职业生涯规划能力的关系研究[D]. 天津: 天津职业技术师范大学, 2015.

［20］申文缙. 教师专业发展视域下德国职教师资培训体系研究[D]. 天津: 天津大学, 2017.

［21］曹方. 基于全面质量管理原理的成人培训模式及效果评估方法的研究[D]. 长沙: 国防科学技术大学, 2006.

［22］李明燕. 成教大学生自我职业规划能力培养研究——以川师大文学院成教汉语言文学专业为例[D]. 成都: 四川师范大学, 2011.

［23］张艳华. 基于工作过程导向的课程开发研究——以衡水中职学校电子技术应用专业为例[D]. 石家庄: 河北师范大学, 2017.

［24］马娟. 中职学生职业生涯规划教育策略的研究——以北京某一中职学校为例[D]. 新加坡: 国立教育学院南洋理工大学, 2014.

［25］陈姗姗. 中职学生职业生涯规划及其影响因素研究[D]. 深圳: 深圳大学, 2012.

［26］胡新峰. 大学生思想政治教育机制研究[D]. 长春: 东北师范大学, 2014.

［27］傅宏. 中小学职业生涯教育课程研究[D]. 青岛: 青岛大学, 2016.

［28］江晓新. 中职艺校生职业生涯教育实验研究[D]. 杭州: 杭州师范大学, 2016.

［29］陶倍帆. 澳大利亚职业生涯教育研究[D]. 上海: 华东师范大学, 2014.

［30］田潇. 日本职业生涯教育研究[D]. 天津: 天津大学教育学院, 2012.

论文集、会议录:

RAUNER F. Berufliche Kompetenzentwicklung–Vom Novizen zum Experten[C]. Vernetzte Kompetenzentwicklung: Alternative Position zur Weiterbildung. Berlin: Edition Sigma, 2002: 111-132.

报告类:

MAGUIRE M, KILLEEN J. Outcomes from Career Information and Guidance Services[R]. A Paper Prepared for an OECD Review of Policies for Information, Guidance and Counselling Services, 2003:19.

其他类:

[1] LUCAS C. Humanism. [M]// CHABLISS J. Philosophy of Education: an Encuclopedia. Oxford: Elsevier Science Ltd., 1994: 285.

[2] CHEYNEY. Humanism [M]// SELIGMAN E. R. Encyclopedia of the Social Sciences(IV). New York: Macmillan, 1937: 541.